ハンド・メイド・ミー

自分を手作りする

広瀬敏通

まえがき

これは自分自身を手作りしてきた男の物語である。

現代にかぎらず、世はつねに常識という衣の同調圧力を強いており、それは安定と支配が好きなものには都合がいいし、他方で、敏感な感性を持つ少数者には都合が悪いものだ。

この有象無象の圧力を受け続けるために、人の感性は成長と共に摩耗し続け、気がつけば世間のルールからはみ出ていない人生を送ることになる。

でも、まれに、感性が磨り減ることのない人生を送るものもいる。

わたしは二十代になりたての頃から「アッパー」と呼ばれてきた。アッパーというニックネームの名付け親、つまりわたしのゴットファザーは、南インドの地図にも載っていない小さな村で、一本足でピョンピョン跳ねて遊んでいた六歳程度のちびっ子、「片足スッピ」である。


わたしが初めて海外で暮らしたのは、南インドのデカン高原南端の原野。無人の地だった。その後、一九七〇年代末にカンボジアで起きたポルポトの大虐殺をきっかけに、タイ・カンボジアの国境沿いに作られた難民キャンプで、日本政府が初めて海外の戦地での人道支援に派遣した医療協力チームのコーディネーターとして現地で活動した。

こんなアジアの荒野が二十代のわたしが生きてきた土地だった。

一九八二年、帰国後に移り住んだ富士山麓では、動物と共に暮らす生き方を選択して、最大時、馬五頭、牛一二頭、ヤギ三〇頭、羊一三六頭、採卵鶏一〇〇〇羽、ウサギ五〇羽、モルモット数十頭、アヒル二〇羽、ガチョウ一羽、ホロホロチョウ五羽、チャボ数十羽、犬一〇頭、ロバ一頭を飼っていた。けっこうな大家族だ。動物園でもないのに、これほど多種類の家畜動物を飼うのは、国内でも珍しい規模だったと思う。

と言っても、わたし自身、けっして資産家ではない。むしろ、つねに〝裸一貫〟。持ち合わせていたのは自分でも呆れるほどのポジティヴな思考と性善説への強い信頼。それに加えて、人並み以上の好奇心に突き動かされた行動力だけだった。

その南インドから富士山麓に連なるすべての時間と場所で、わたしは家族や友人からアッパーと呼ばれてきた。

これから語る物語は、そんなわたしのアジアでの奮闘記と、畜産業でもないのにこれほどの家畜たちと共に暮らした動物記だ。この物語を、皆さんに読んでもらうことを、とても嬉しく思う。

文章のほとんどは、富士山麓で動物農場を始めた当時から毎月発行していた『動物農場通信』『ホールアース自然学校通信』の一九九二〜九八年にかけての連載が初出だ。その後、それをまとめた電子書籍化の際と、今回の本にまとめるにあたって、一部修正をしたが、執筆当時の空気感を理解してもらうために、基本的には一九九〇年代に書いた文のままにしてある。

アッパーと呼ばれたひとりの男が生きてきた二十世紀半ば以降の幾星霜、飛行機は大衆化し、新幹線、高速道路の登場で移動は人間の時間をあっという間に超えた。今思えば、車はまだ人間時間ぎりぎりの範囲内だったのかもしれない。

わたしの少年時代にテレビが生まれ、八ミリカメラを誰でも撮るようになる頃に、映画館が閉鎖していった。輪転機やガリ版印刷に代わってワープロ機が世の中を席巻したが瞬く間に消えて、とどめのパソコンが登場した。銀塩のフィルム写真も消えてデジタル一色になり、ポケベルというあだ花を経て携帯だ。それを持つことに抵抗感を抱き続けている間に、それはガラ携と呼ばれるようになり、今やスマホが全盛である。「次は何？　次は何？」とわたしたちは踊らされてきた。今、手にしている「それ」があることが当たり前と思い、疑うことをそもそも知らない。でも、「それ」は昨日はなかったし、明日には違うモノが登場している。

世の中は生きて動いているのだから変化するのは当たり前のことだ。

でも、わたしには現代人がこの新しいテクノロジーの世界に過剰適応し、心や魂の領域まで侵入を許しているように見える。

しかし、というかつまり、わたしの幼い頃には、今や誰の部屋にもあるこれらすべてがこの世に存在していなかった。この地球にわたしが生まれるまでの幾百幾千世代、テレビもスマホもなかったし必要ですらなかった。それでも人々は喜怒哀楽を豊かに持ち、ささやかな幸せとはいえ、それは味濃いものだったろう。

現代という時代は、自分が体も動かさず座っていても寝そべっていても、世界の出来事は滞りなく入ってくるし、すべてを知ることができるように思える。この恐ろしいほどに無邪気な誤解、無知が人々を覆っている。それに異を唱えることを誰もしない。

でも、わたしは思う。本当に知るためには自分の体を動かさなければならない。擦り傷やたんこぶが体のあちこちにできることを受け入れ、本気になることだとわたしは信じてきた。

たかが四、五〇年、いや、新しい「それ」が登場して十数年しか経っていなくとも、時代や社会は現代常識という衣をまとって「それ」を無批判に受け入れて人々の価値観を束ねようとするし、人々はたやすくそれに迎合していく。わたしはそれに強く違和感を持ってきた。

大袈裟に言えば、その常識という得体のしれないモノにくさびを打ち込み、かち割ってみたいというのが本書の執筆動機である。

わたしが過ごしたアジアの日々や富士山麓の動物たちとの日々は、現代から見るとかなりレアな物語だろう。一人の何の特技もない若者が身につけてきた行動原理は、モノやテクノロジーによって擬似的な世界に覆われた現代では実行するのも難しい。でも、わたし以前の時代に生きた人々にはむしろ、当たり前の生き方だし暮らし方だった。そう、世界のあらゆるコト、モノとの出会いが生身の体験でしか得られなかった時代のことだ。

だからこそ、今の時代に生きる若い人々に本書を読んでもらいたい。便利な世の中が実はどれほど、自分の自由を奪っているのか、を知るために。

放浪遍歴や、動物たちとの数多くの出会いにあふれたわたし自身の奇妙な体験は、わたしの胸の内にずいぶん長く沈潜していて、古酒のように熟している。今が表に出すチャンスかもしれない。

ハンド・メイド・ミー――自分を手作りする【目次】

目次

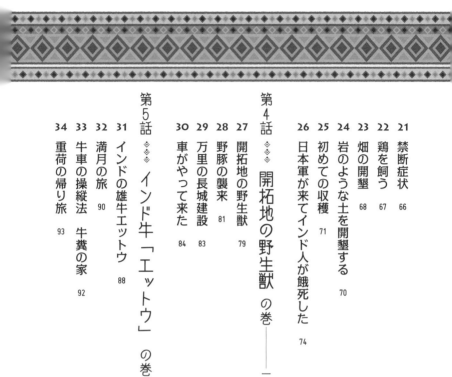

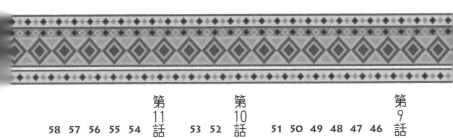

第2部 アッパーの動物記「家畜と呼ばれる愛すべき仲間たち」 167

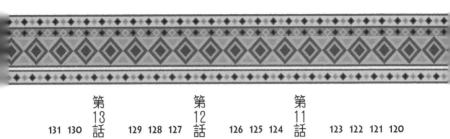

第1部

アッパーのアジア奮闘記

第1部

アッパーのアジア奮闘記

第1話　インドへの道の巻

――一九七二年

「ここに村を作るんだ……」

1
新米の開拓者

青さも消えぬ二十代になりたての一九七〇年代前半、南インドの荒れ野原にボクは住んでいた。アジア初暮らしとなる南インドのカルナータカ州だ。いちばん近い人家は目の前の赤い岩山の上にある村だ。そこは千年も前に栄えたヒンドゥーの聖地で、ここから徒歩で二時間ほどかかる。夕焼けがこの岩山をさらに赤く照らし、ボクはこの巨大な岩山を「レッドマウンテン」と呼んでいた。地平線はポツポツと木や岩が見えるばかりだったけれど、猿や野豚の群れ、放牧のヤギたちが訪問してくれ、ときにはインドオオカミも数頭、姿を見せてけっこうにぎやかだった。

文句なしの荒野だった。ボクの育った東京郊外ではいくら探してもこんな広漠とした風景はない。その土地でボクは、

地平線まで無人の世界(左上の小さな屋根が我が開拓小屋)

井戸を掘り、土壁の小屋を建て、畑を作って暮らしていた。電気もなく車も通わないここにも、ゆくゆくは障がい児たちの村ができるはずだった。

2 天竺にやって来る

この村を目当てにボクはインドに来たんだと思う。日本を出るときは、「インドに行こう」といった漠然とした思いしかなかったボクだが、日本でちょっと、小耳に挟んだのがこの村の存在だった。なんでも、マハトーマ・ガンジーが急進的なヒンドゥー主義者に暗殺されるまで計画していたプロジェクトとのことだった。それは、当時も今も国内におびただしくいる障がいを持った子どもたちが安心して暮らせる村作りのことだ。

ところが、ボクはここに来てから初めて知った事実に度肝を抜かれた。

もともと、インドではポリオ（小児麻痺）などの病気による先天的な身体障がいも多いのだが、身の毛もよだつのが、全国にはびこる〝人さらいのシンジケート〟による残虐な「障がい児づくり」だ。村々から幼い子どもたちをさらってきては、手や足を切り落としたり、眼をつぶしたりする悪魔のような組織が今もなお、全国にはびこっている。その目的はなんと、障がい児に物乞いをさせるためだという。むごたらしい障がいを負った子のほうが健常の子どもより〝貰い〟が多い。インドでは恵まれない人々に施しをすることが宗教上の義務になっているので、冷血漢どもがこんなひどい形でそれを悪用している。

こうして書いていても無性に腹が立ち、頭から湯気が出る。これが昔、「天竺」と呼ばれた国で、ボクが漠然と憧れてきたインドのむごたらしい現実なのだ。観光や旅ではおよそ気づくこともない世界。ボクはデカン高原の南端のドでかい荒野で今、そのむごたらしさをぶち壊すために奮闘しているのだった。

それではここにたどり着くまでの話をしよう。

3 インドへの道

インドに至る前の数年の軌跡を少し書いておこう。なぜなら、ボクの〝インドへの道〟はこの数年に大きく影響されているからだ。

それは修学旅行も、卒業式にすら行くことがなかった、でも愛すべき高校時代に絞られる。高校時代、ボクは山岳部に入部して岩登りに夢中になっていた。当時も高校生の岩登りは問題になっていたようだが、うちの顧問は能天気な山男。おかげで岩の魔力にどっぷりハマることができた。でも二年生の春、我が部は練習中に事故を起こしてしまった。同期の仲間は半年の入院を要する大事故。たまたまその場にいなかったボクもずいぶん、ショックだったし、部は活動停止。おかげで一年の時から夏や春に出かけていた自転車やヒッチハイクの日本半周にしばし打ち込むことになり、新学期の始業式にも帰宅が間に合わないような野宿旅を続けた。

ボクの通った高校は教師も面白く、独身の山男が幾人もいた。その一人、ボクが夏休みに旅をすることを小耳に挟んだ化学教師から「行ってみないか」と情報を貰ったのが、山口県のド田舎の事件現場の現地調査会。「冤罪を訴える死刑囚を支援する会」が主催だという。九州までのヒッチハイク旅の途次、そこに気ままに立ち寄った際、ばったりうちの高校の地学教師に出会った。彼も同僚の化学教師に誘われたらしい。

その晩泊った小さな宿ではあちこちで議論が喧々諤々花盛り。ボクはこの教師とビール飲みつつ大人の議論をのぞき込んで回った。お気楽に参加したつもりの冤罪の現地調査だったが、徐々に底知れぬ闇をのぞき込んだ思いはその後もずっと心の中に残っていった。

別れ際、これから九州にヒッチハイクで向かうボクの乏しい懐具合を察して千円札三枚をカンパしてもらった。これは旅の数日分を支えてくれる。ボクの地学好きはこのときからかもしれない。

さらに、友人たちを巻き込んで勝手に作ったギリシア神話研究会や、童話の読書会も面白かった。サン＝テグジュペリの『星の王子さま』に入れ込んで幾度も読書会を繰り返した。その仲間を巻き込んで同人誌『ユートピア』を主宰し、ガリ版刷りで数巻発刊した。それだけでも大忙しなのに、都内の他校生と共にベトナム反戦運動の全国組織を作り、関西の大学などに長期滞在する怪しい高校生でもあった。

たぶん、人の数倍の時間をフルに使った高校生だったろう。当時はパソコンも携帯もないおかげで自分の興味関心を擬似的に満たすような不幸なこともせず、たんこぶや切り傷は無数だったものの、今から見るとじつに恵まれた〝すべてが実体験〟の日々だった。

その十数年後にボクがアジアから帰国して始めた自然学校は、せめて自然に関してだけでも〝実体験〟を貫こうという思いで、「実体験主義」を掲げて、さまざまな自然体験のプログラムを作っていったが、その源流はこの時期のボクにあるように思う。

さて、話を戻そう。高校を終えたボクにはもはや、白亜の大教室で退屈な教師の講義を聴くような大学生活など身近にはなかった。じつに多くのことを学べた学生時代だったが、入学式も卒業式もない、バリケードによって〝解放区〟となった大学で自主講座なども開かれ、若者たちだけの激動の日々を送っていた。

そんなとき、ふとしたきっかけでボクはまたしても気の赴くままに入学した神田の「美学校」でインド哲学を学ぶ機会を得た。ここの先生は奇人変人揃いだったが、インド学の松山俊太郎という着流し姿がトレードマークの先生はすごかった。ボクはそれまでも〝頭をガーンと殴られた〟り、〝目から鱗が落ちた〟りした体験は多かったが、この先生はその両方をいっぺんに見舞わせてくれた。インド美術を入り口に、古代インド哲学から近代インドの独立と現代インドまで俯瞰させせられたボクは、インドへの強い関心が沸き起こり、神保町で難解な古代インドのウパニシャッドやジャワハルラール・ネルー（独立インド初代首相一八八九～一九六四年）の『インド発見（上・下巻）』を手に入れて読み耽り、さらには九段のインド大使館に出向いて資料あさりをした。結局、先生の「お前、インドに行ったほうが早いぞ」との一言がボクのインド行きを決めた。

美学校という変な名前の学校は、設立直後にも関わらずメジャーに背を向け、貧乏路線を走り始めていたが、インド行の費用がないボクに、すでに授業もしっかりしてもらっていたにも関わらず入学金を返却してくれた。仏のようなありがたい学校である。

4 インドは一人旅が似合う

インドに着いて右も左もわからずにカルカッタ（現在はコルカタ）の安宿に転がり込んだのだが、ここで出会った欧米や日本人のヒッピーくずれたちを見て呆れてしまった。とても彼らと一緒にはいられない。

そもそもヒッピーが何たるかはボクも知らないが、多少は哲学的なセンスがある連中のことなんだろう。ところが、彼らを見ていると修行者が使うオレンジ色や白のインド服に身を包んではいるもの、土産物屋のインチキ模造品と瓜二つ。ひがな安宿でハッシシ（大麻）を吸い、夜になるとカルカッタの街に出て飲み食いするばかり。中には使い方も知らないヌンチャクをこれ見よがしにぶら下げている奴もいる。

印象的だった彼らの共通語は、路上の貧しい人々を〝奴ら〟と呼び、頻繁に話題にすること。「奴らはさぁ」とあれこれ

にわかヒッピーたちはすぐつるむ

小馬鹿にして話のタネにし、自らはけっして一人になろうとせずにつねに幾人かの同類とつるんでいる。品がない。

あぁ、やだやだ。ボクはさっさと彼らと別れ、外国人のいない土地という評判の南に向かってさらに旅をした。

5 インド式の喧嘩

向かったのは日本で新聞に載っていた「夜明けの町」と呼ばれる現代のユートピアだった。インド南部のベンガル湾に面した一大商業都市マドラス（現在はチェンナイ）の南、百キロにある元フランス領のポンディチェリにそれはある。

カルカッタを出て南に向かうと、たしかに外国人の姿がほとんど見られなくなった。この列車は呆れるほどのろのろ走り、あくびが出るほど長く停車をする。すると決まってゾロゾロ物売りが乗り込んでくる。おかげでチャイや弁当、菓子などに不自由はしない。でも、昼となく夜となく停まるので、置き引きも毎度のようにやってくる。足元に置いたボクのザックは一度ならず持っていかれそうになったので、座っていた板ベンチの座席に上げて足をその上に置いたが、ウツラウツラしているとやっぱり持っていこうとする。ついに足とザックを固くロープで結び、ようやく眠ることができた。熟睡してる時にコソ泥がザックのロープをほどいてベンチにつないでしまったらボクは無事だ追いかけることもできない、というイヤな夢を見たかどうか、幸い、朝までボクのザックは無事だった。でも、じんわり、インドという国のすさまじさがわかりかけてきた。ボクは固い板張りの三等座席（現在は三等車は廃止）に座り続け、いくつかの長停車や乗り換えを経て、尻にタコができそうな三度目の朝にようやく列車はポンディチェリに着いた。

駅のホームで背伸びをしていると、足元に置いたボクのでかいザックをまたもや、われ先に持っていこうとする連中がいる。今度はリキシャの運ちゃんたちだった。目指す「夜明けの町」はここから一〇キロもあり、歩いてはいかれないという。本当かどうか知らないが、ほかの連中も歩きは無理無理と手を顔の前で振っている。身振り手振りは世界共通語。仕方なく料金交渉を始めたが、運ちゃんの動作がよくわからない。顔を左右に振るのは「NO」なんだろう。でも顎をしゃくるように左に右に振るのはなんだ。どうやらこの国の身体言語で「YES」のようだ。

リキシャでもめる

かくしてボクはリキシャに乗った。日本では人力車などという古式ゆかしい乗り物にはボクのような若僧は乗らない。花街でおネーさまと成金親父が仲良く乗っかるイメージがボクにはある。でもここではタクシー以下のランクらしい。なにしろ自転車で引っ張るリヤカー型人力車で、日本式の車夫が地下足袋で牽き走るものとはだいぶ趣が異なる。そうはいっても生まれて初めてなので尻が落ち着かない。

雑踏を抜け、郊外を過ぎて人家も見えなくなってしばらく行くと、突然、運ちゃんがここから先は料金を倍にしなけりゃ行けないという。そりゃ卑怯ってもんだろう。こんなところまで来ておいて人の足元を見るなんて。やりあっているうちにボクも頭にきてつい、運ちゃんの肩を小突いてしまった。

これがいけない。後で知ったのだが、インドでは口喧嘩はどれだけ盛んにやってもいい。でも手を出すと、それが引き金となり、下手すると群衆に袋叩きにされることもあるそうだ。

人家もないのに周りにはいつの間にか人だかりができており、運ちゃんは盛んに「こいつが先に殴ってきたんだ」とジャスチャーたっぷりに訴えている。何だよ、運ちゃんはこの付近の村出身か。ドンドン大声になり威勢がよくなるじゃないか。先に手を出したボクに群衆は一斉に凶暴な目を向けて大声でまくし立ててきた。どうも形勢がやばい。多勢に無勢、ボクは仕方なく運ちゃんに言いなりの料金を払うことにした。

インド式喧嘩の初体験である。ちなみにこのときボクが払った料金は、ほかの人たちの払った金額よりはるかに少なかったことが後でわかった。インドに来て日が浅いにも関わらず、ボクは相当のケチになっていたが、欧米からの旅行者は払い過ぎである。さらにのち、旅を重ねる中で、日本人観光客という人種がもっとも払い過ぎていることが判明した。これは現在に至るもそうである。アジアで金払いがいいというのは単にアホを指す場合が多い。

6 夜明けの町＝オーロビルというユートピア

なんとか着いた「夜明けの町」。フランス風の呼び名で「オーロビル」。

見たところ、あまり町らしくない。というよりも、赤い大地に所どころ木々が茂り、インド風ではない風変わりな建築物が未完成で点在している。道も未舗装。あちこちに赤い土の山、レンガ、石ころ。つまり、いやに広い工事現場。まだ、町は生まれていないようだ。

ここは数年前（一九六八年）にシュリ・オーロビンドゥ（Sri＝Mrの意）という社会運動家に共鳴したマザーと呼ばれるフランス女性が始めた永遠のユートピア計画で、ボクが着いた当時、およそ三〇〇人が世界各国から集まってきて国籍も宗教も文化も問わない理想郷「夜明けの町＝オーロビル」※1を作っていた。ボクはここでワーカー（メンバー）として来た初めての日本人だと受付で聞かされた。「いや、ちょっと見に来ただけなんだけど」と口ごもりつつも、不自由な英語のために、ボクはワーカー登録となった。

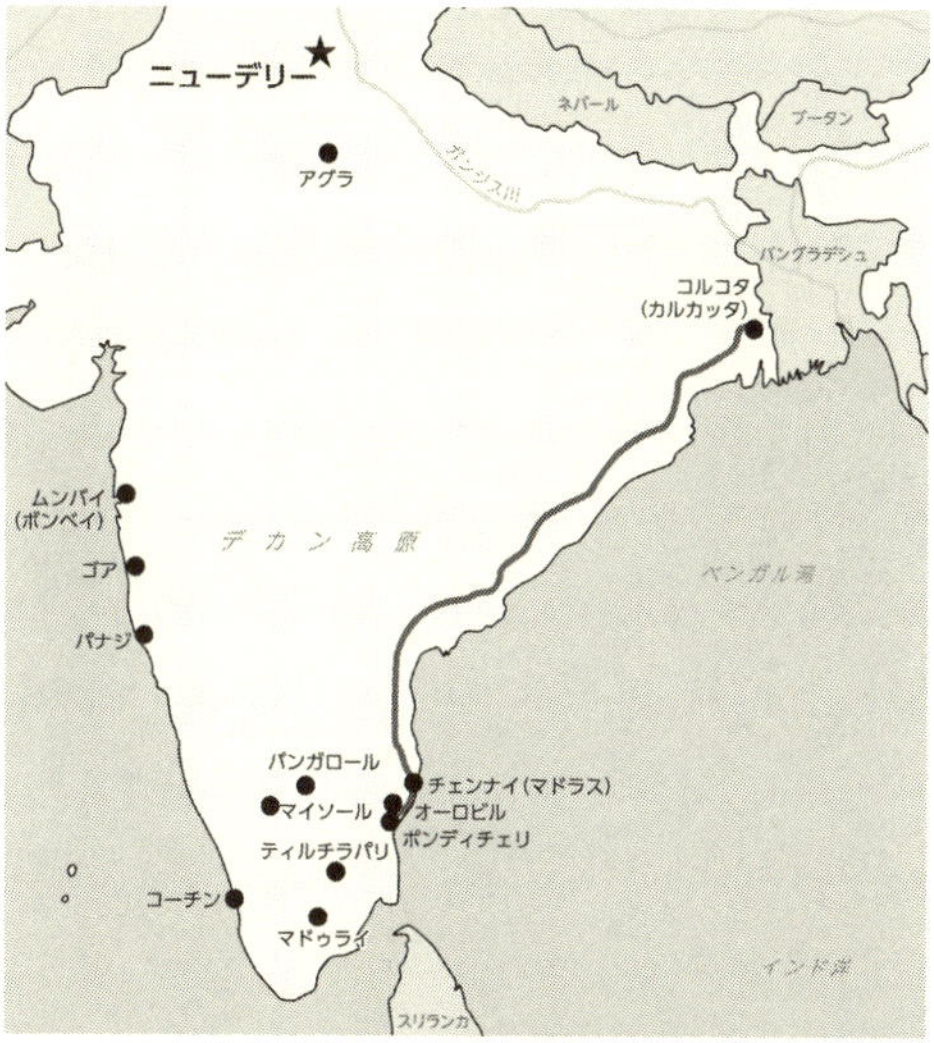

インディアの地図①

ほかの外国人ワーカーと同じく、裸に短い腰巻きひとつの格好で毎日、建設現場で石や土を運び、町づくりを始めると、やっていることが形になる実感がして心地いい。周りではスッポンポンの白人の子どもらが遊びまわっている。

朝夕にはミーティングと瞑想。これがじつにインドっぽいではないか。もちろんボクは修験者でもなければ求道僧でもないが、瞑想というのは気に入ってしまった。初めのうちは周りの人や交わされる英語に気を取られて時間は過ぎたが、徐々に慣れてくると次第に自分だけの世界に入っていくようになり、起きているのか夢の世界にいるのか定かではないような感覚となって雑念がスーッと消えていく。さらに鍛えれば無の世界に到達するのだろう。面白いことに胡坐《あぐら》姿勢でなければ瞑想状態にならない。まぁ、座禅というやつだ。正座はもちろん、椅子に座ったり木陰でリラックスしていても瞑想とはならず、単にくつろいでしまう。瞑想はその後、インドでの暮らしはもちろん、帰国後も長い間、折りにふれて実践し習慣となっていった。

炎天下、腰巻き作業

さて、オーロビルに話を戻そう。ゲスト&ワーカーのボクにあてがわれたのはシンプルな部屋で小さなテーブルとイス、ベッドすべて一人分。トイレやシャワーは共同。でも、清潔感があって有り難かった。夕方の祈りと瞑想の後、白を基調にした食堂での洒落たベジタリアンの食事をとる。フランス領だったせいか、とりわけパンが旨い。日中の暑さと汗だくの労働を終え、夕食後には三々五々、近くの海岸の堤防に夕涼みにやってきて、沖合の積乱雲から活発に生まれる雷鳴ショーを見て過ごす。周りには国籍入り乱れの男女が親しげに見つめ合っている。ふーん。いい感じじゃないか。これがユートピアなのだ。

永遠の未完成であり実験的なユートピアだということはすでに述べたが、マザーはもうだいぶ高齢で、夕食前のひととき、人々が作業を終えて瞑想する広場に集まってきた際に、彼女の声がスピーカーから流れて何やら深遠な話をする。もしかすると録音かもしれない。いずれにしても声だけで姿を見ることはなかった。ずいぶんおばあちゃんの声だったが、ボクの語学力ではほとんど内容が聞き取れなかった。彼女はそれからしばらく経った一九七三年十一月に九五歳で天国にいった。

※1 オーロビル＝世界最大のエコビレッジとして知られ、二〇一八年現在、二八〇〇人が居住または長期滞在。https://www.auroville.org/

7 Get out !

さて、現代のユートピアで肉体労働をして幾週間か過ぎた頃、オーロビルからポンディチェリの町に買い物に出たボクは、突然、石をぶつけられた。相手は一〇歳くらいの子どもだった。「痛てぇ！」。投げられた石を見ると紙つぶてだ。開いてみると「Get out!」の大きな文字。オーロビルに集まるよそ者たちはすぐ出て行けと書かれていた。

「？．？．？．」しばし、ポカンとしたボクは、ようやく状況を推察し始めた。もともとこのポンディチェリは反植民地闘争の舞台だったし、小柄で色の黒いドラビダ人の独立運動も盛んな地だ。ところがオーロビルのメンバーの過半数は同じインド人ではあるものの、大半は北部のアーリア系インド人で、かつて、このインド亜大陸の先住民だったドラビダ人を追い落として中部以北を支配した民族だ。被支配で抑圧されてきたドラビダ人とは相性が悪い。つまり、オーロビルのプロジェクトもそこのメンバーも地元のドラビダ人は主役ではないアクションだった。

そう思い至った途端、ボクは少々気が萎えてしまった。ユートピアの残像が薄くなっていくような気がした。幾日か考えたあげく、現代のユートピアであるこのオーロビルを去ることにした。親しくなった友人たちにわけを話して荷作りをすると、その中の一人が、ボクが以前、口にしたデカン高原の南端の「障がい児の村」について「知ってるよ」と言い、そこへ行くことを強く勧めてくれた。ボクもその気だったし、日本でメモしていたその村の責任者にすでに手紙を書いていた。

ポンディチェリからそこまでは列車で一本というわけにいかず、ボクはインド亜大陸南端をぐるっと回って旅をすることにした。これがけっこうきつかった。

8 さりげなく死ぬということ

ちびちびと短い距離をローカルバスで動きながら、名も知れない町や村を歩き回った。

ポンディチェリを出て最初の大きな町であるティルチラパリに着くまでは、南インドの穏やかな風景に浸って順調な旅だった。日本語のガイドブックなどなかった時代。オーロビルでおおまかのルートを考えていた際に、通過する町も調べておいたが、ここには有名なヒンドゥー教の寺院が巨大な岩山の上にある。

泊まる宿も決めず、野宿でもいいやと思いつつ、夕暮れの人ごみに交じって階段状の寺院への道を歩き始めたときだった。狭い路上の隅には幾人もの人々がすでに今夜の宿として横になっている。彼らにつまづかないように坂道を登っていたボクは、ふと寝ている人の一人に目をとめた。ボクの目をとめたのは痩せた老人だった。その老人の体には薄く土埃が覆っていたので気になったのだ。さらに、顔を覗いたボクは「あっ！」と息を呑んだ。彼は死んでいる。濁った眼が薄く開いたままハエがたかっていた。ボクのアドレナリンが急上昇しているのがわかった。周りを見ると大勢の人々が行き来しているにも関わらず、誰一人、その老人に気を払わない。ボクは後ろの巡礼者風の人に老人を指さして「この人は死んでいる」と訴えた。彼は軽く顎を横に跳ね上げる仕草だけしてボクを追い越して行った。

「路上死」。話にはよく聞くが、このときが初めての体験だった。日本では死んだ肉体にも霊性を感じて弔うが、インドでは輪廻転生、遺体は魂の抜け殻でしかない。こんなにさりげなく、ごく日常の風景として死んでいく。

　この夜、ボクは路上に寝ることができず、金のない巡礼者が泊まる薄汚れた宿に寝た。小さな独房のような窓もない部屋というだけで、何となく路上と変わりがない気がする。この部屋で南京虫の洗礼を受けた。強烈な痒さで眠ることもできない。輪廻転生、老人は南京虫にもなるのだろうか。ボクの血を吸ってさらに輪廻することができるならば、次は何なのだろう。

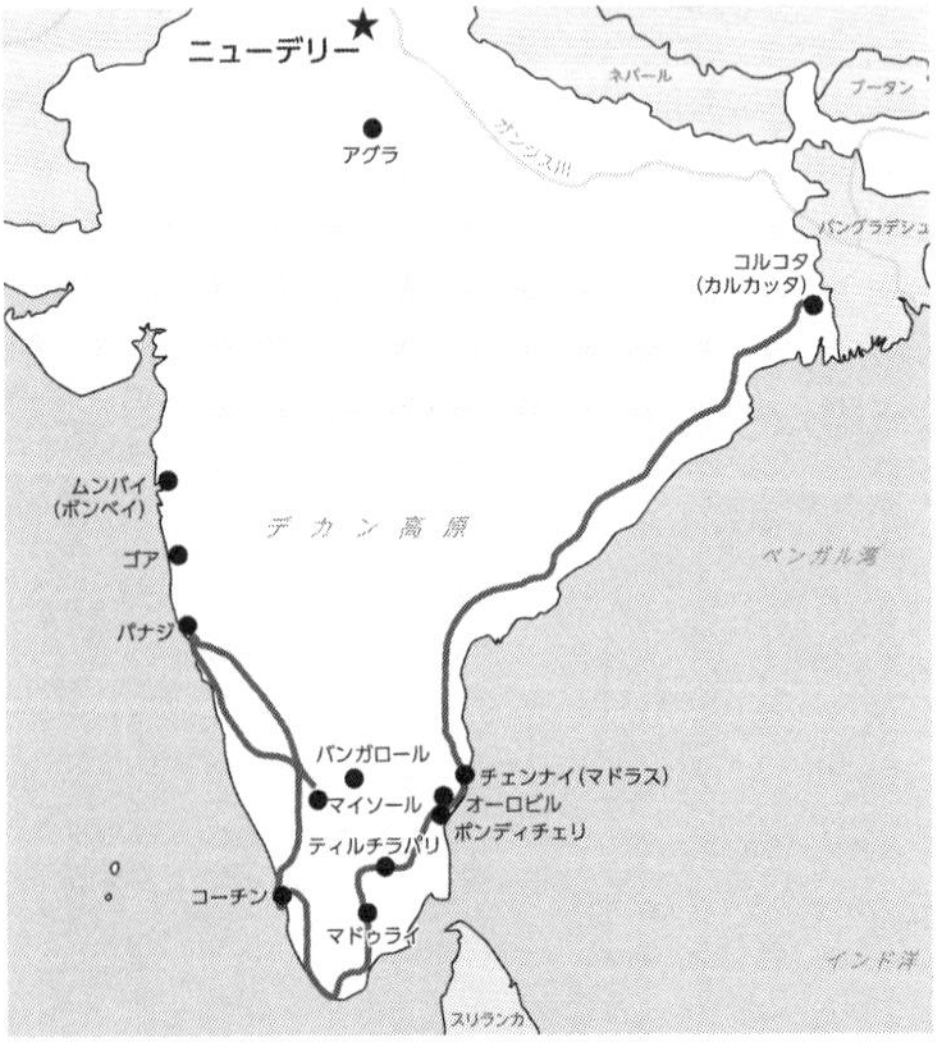

インディアの地図②

第1部 アッパーのアジア奮闘記

第2話 インドの荒野を開拓するの巻

――一九七二年

9 本当のユートピア

デカン高原は「でっかい高原だ」とブツブツ言いながら、果てのない大地に翻弄されつつ、村々をつなぐローカルバスを乗り継ぎ、あるいは乗り間違え、野宿しながら旅をした。あるときは、夜遅くにバスが着いた土地がどこやらまったくわからず、翌朝に人々はボクを囲みながら口々にバラバラの位置を地図上に指さした。目指す地名を繰り返すボクが乗せられたのは目的地とは反対方向でさらに何百キロも離れた村に向かうバスだったりした。そうこうしている間に下痢やシラミ、南京虫の餌食となり、心身ボロボロ状態で、ようやく目指す村までやってきた。

バスを降りて歩き、着いたのは夕刻だった。高い岩山の上にある古代の神殿に包まれた不思議な感じの村だ。ボクはすぐに子どもたちに囲まれた。言葉がわからない。大人たちでさえ、どうも、英語も通じないようだ。いや、もう幾日も前から外国人の姿は見ないし英語なんて耳にしない毎日だった。でもともかく、ここが「そこ」であることだけは確かなようで、ボクの気持ちは安らいでいた。

耳元でさかんに話しかけてくる子どもたちや大人たち。彼らの言葉を覚えなきゃ。ボクはアチコチ指さしては「これ何?何?」と聞き始めた。すると幾人かが「イエーヌ?」と聞き返してくる。それを聞き分けたボクはWhatだとアタリをつけ、折りしもあたりを朱色の世界に染めた夕日を指さして「イエーヌ?」と聞くと一斉に「スーリヤ　アスタ!」と答えてきた。ボクが最初に覚えたこの土地の言葉だった。かの金田一京助博士（一八八二〜一九七一年）がアイヌ語を覚えるときに苦し紛れ?に使ったという方法をボクもやったのだった。なんともロマンチックな逸話である。

「夕焼け」という言葉

ボクが目指してきた「障がい児の暮らす村」とは、この古代の村を舞台に計画されているプロジェクトのことで、その責任者であるスレンドラ・カウラギ氏はすでにボクが出していた手紙を受け取っていて、待ち受けていていてくれた。カウラギ氏の自宅に隣接した村の保育所の一室がボク用にあてがわれた。ちょうど三畳一間くらいの小部屋だったが、東京で借りていた下宿も三畳間。手を伸ばせばすべて用が足せるこのスペースはお気に入りだった。もっともインドの三畳間には麻ロープで作られたベッドだけで手を伸ばしても何もない。

ボクはこの地でもともと拙かった英語も、もちろん日本語もすべて頭から消え、まるで幼児のように新しい言葉を次々に覚えていった。初めは覚えた語彙が少ないために思考までシンプルにな

り、徐々に語彙が増えると、思考もオトナ並みになっていった。ボクの人生史上、最速の二か月半で拙いながらも日常会話を使えるようになり、三か月過ぎると、文字の読み書きもほぼできるようになった。単純な脳構造のなせる業である。

ここの言葉は日本語と文法や単語など共通の要素が多くてなじみやすく、のちに言語学者の大野晋（一九一九～二〇〇八年）が「日本語は南インドから来た」と発表して話題になったこともある。彼はマドラスが州都のタミール・ナドゥ州のタミール語を指して言ったが、ボクのカルナータカ州のカンナダ語も同系のドラビダ諸語だからまぁ、この説にはうなずける。

最初にボクの語学教師になってくれたのが村の子どもたちだった。すると、覚えた言葉は〝子ども言葉〟だった。次に修正してくれたのが村の女性たち。口々に子ども言葉を直してくれるのだが、その結果、当然のようにボクは〝女言葉〟をしゃべるようになっていた。日本語では男言葉、女言葉の違いがあるが、英語にはそうした明確な違いがないのでうっかりしていた。アジアには意外と言葉の性差があるのだということも、のちに各国を旅してわかってきた。ボクの初・言語転換はこうした迷走を経て、及第点がつけられたのは半年近く経ってからだった。

カウラギ氏は、ときどき、ボクを連れて村の主だった人々を訪問して延々としたおしゃべりで時を過ごした。この村に来て間もない頃は、話されているカンナダ語はまったくわからない。ときには激高するようなやり取りもあるが、これはインド人特有の会話の楽しみ方だと後にわかった。文字通り、唾を飛ばしながら大声を出し合うかと思うと、突如ニコニコ笑顔になる。ボクはハラハラしたりホッとしたり、まるで飼い犬のごときである。ときには会話が突然、英語になったりする。

これは話し相手が英語を解する場合だ。インドではインテリの証明は英語の会話能力だ。ボクには旧宗主国のイギリスをののしりながら英語を得意げに使おうというインド人インテリの脳構造を理解するのに、少々時間を要した。

でも、こうしたおしゃべり傾聴カンナダ語講座にも効果はあったと見えて、次第に単語が、センテンスが、そして会話内容がわかるようになっていった。

日本では外国からやって来たボランティアに対して、さっそく日課を作り、一日の過ごし方をオリエンテーションするのだろうが、ここはインドである。そんなシャチホコばったことはしない。いや、何もしない。これには少々ボクも面食らったがすぐに慣れてしまった。

目に着いた仕事というか時間の過ごし方を自然に始めていった。ボクが主に担当し始めたのは、この村でカウラギ氏が運営する障がい児の施設「カルナ・グルハ=希望の家」で寺子屋的に科目のない授業をすることだった。ほかにも畑仕事をしたり、夜は小さなオイルランプの灯りを囲んで思いつくまま、インドと日本の歌を歌い、飽くことなくおしゃべりをして笑いこけた。

幸せだった。大人も子どももボクを好いてくれた。ここが本当のユートピアだと思った。

10 村を作る

でも、今ボクがいるこの村は話に聞いた「障がい児が自立できる村」とは違う、古代遺跡を抱えた美しい村で格式はあるものの普通の村だった。ある日、障がい児の村作りのプロジェクト責任者であるカウラギ氏に連れられて、村外れから古代の神殿跡地を抜けて岩山の下に続く天然の岩場が作った階段状の細い道を辿って下界に降りていった。

トボトボ歩き続けて着いたのは、何もない石ころだらけの土地だった。あたりをうろうろ歩き回っていたカウラギ氏がボクに向かい、「これから君の住む土地だ」と言った。一瞬「?」と思ったが、すぐに彼の意を理解した。このプロジェクトの本編はまだ始まっていなかったが、ボクがやってきたのでいよいよ始めるのだ。それはこの何もない荒野から始まっていく。カウラギ氏は四〇エーカーにおよぶこの土地を政府から無償で借り受けたという。なじみのない単位だが、日本風にいうと四万九千坪。おおよそ一六万平米だ。それでもピンと来なければ、四〇〇メートル×四〇〇メートルのドでかい四角い土地だと想像すればいい。

ここに村ができるのだ。ぐるりと三六〇度、人工物はまったくない。しいて言えば、牛車のわだちが一本、この土地に接して通っている。正面にあるはずの遠い村から背面にあるはずの遠い村まで続く道だ。車も走らなければ電柱もない。大声を出してもそれを聞く人間はどこにもいない（本編巻頭の図、「ここに村を作るんだ……」参照）。

11 井戸掘りから始まる

いったん、岩山の村に帰ったボクは身近な荷物をまとめて開拓地となる下界の荒野に引っ越すことになった。これから屋根もない地面の上で寝袋を敷いて寝る日々が始まる。村人が二〜三人付いてきて、主食となるヒエの粉と塩、スパイスの袋、油、コーヒーの粉、マッチ、水の入った素焼きの壺とカップ、皿を二〜三枚と洗面器のような鍋を持ってきてくれた。作業道具の柄の短いスコップやツルハシ、なんに使うのか先の尖った鉄棒なども置いていった。乾ききったような土地だったが、点々と草や小さな茂みが固まって続いている場所があって、そこを掘れば水が出るぞと教えてくれた。何やら「ここ掘れワンワン」のような話だと思ったが、ともかくボクの最初の仕事が決まったのだ。

それからは、頭がボーっとなるような過酷な労働の日々が続いた。おぼろげに覚えているのは、最初の数日、彼らが一緒に寝泊まりして井戸掘りを手伝ってくれたことだ。「こんな岩砂漠のようなところで」と半信半疑だったが二メートルも掘るとジュクジュクと水がしみ出し、徐々に水溜りになっていった。最終的には直径六メートル、深さ四メートルのちょっとした池のような井戸になった。数日経ってある程度澄んできた。とはいえ、透明度はほとんどなく白い水だ。でも、口に含むと味はほのかに甘く、「こっちのミ〜ズはあ〜まいぞぉ」と思わず口に出た。この水はまさに命の水。飲み、体

開拓地最初の大仕事だった手掘り井戸（池）。飲用、浴用、畑の作物用、家畜用。全部まかなう命の源

を洗い、畑を潤す。この開拓地の大事な心臓部だった。

12 仲間が増える

井戸掘りに十日なのか二十日かかったのか定かではないが、地下水が池のような水面に満ちてきたある日、ひとりぼっちの暮らしが終わって、友達が一緒に暮らすことになった。南インドの主要民族ドラビダ族のクマールというインテリと、クリシュナムルティというハニカミ屋の好青年。

彼らはボクの同僚であり教師であり、心からの友人となった。彼らは、クマールの自家用車ともいうべき日本のリヤカーを小ぶりにしたような小さな牛車でやってきた。牛車は「仔牛？」と思うほど小型の白くて背中にこぶのあるインド牛が牽いてきた。

クマールとクリシュナムルティは気のいい若者だった。

二人とも障がい者で、クマールはポリオ（小児麻痺）のため、腰から下が一見、ないのかと思うほど小さいままで、手に特製のサンダルをつけて腰を引きずるようにうまく歩いていた。

クリシュナムルティは右足が膝の下で切断されていた。前

クマールの自家用車

述したようなやくざ組織に幼い頃にさらわれて切り落とされ、手製の松葉杖が失った足代わりをしている。

彼らはとても働き者だった。そしてクマールは驚くほど博学で英語も理解し、ボクの言語の教師だったし、物事を学ぶ方法をていねいに教えてくれた。ボクが理解していないにも関わらず通り過ぎることを彼は許さなかった。どのような小さな疑問でもそれを大事にすること、解明することを教えてくれた。クリシュナムルティは無口でシャイだったけれどボクが避けたいと思う辛い仕事を黙って済ませていることがたびたびだった。

なんて素晴らしい連中だろう。夜の暗闇の中で、あるいは小さな灯火を囲んだ語らいは飽きることはなかった。

ランプを囲んでおしゃべり

13 住む家を建てる

彼ら二人が開拓地にやってきたのは、ボクの慰めをするためではない。いよいよこれから本格的に村作りをするためだ。井戸というか池は掘った。生存に必要な水は確保したのだ。次は家が必要だろう。ということで、小屋作りが始まった。

もちろん、ボクにそんなノウハウがあるわけはない。すべてクマールの指揮に従うばかりだ。クマールはカウラギ氏の代理人ともいうべきさまざまな権限もあるようで、かの仔牛の自家用牛車に乗り、数日がかりで近隣の村まで行ってはさまざまな材料を調達してくる。ボク自身は手も足も目玉や口も一応、みんな揃っているので、小屋作りなどの作業主任、つまり土方人夫になれる。

小屋は道沿いに作ることにし、まず材料を揃える。ミニチュアのような白牛は絶大な働きをして、二キロほど離れた丘まで幾度も行き来して荷車で山のように赤土を運んでくれた。こんな小さな体ですごいやつだ。大変な苦労をして運んでくる赤土はここの赤土と同じようにボクには見えたが、クマールに言わせると運んできたほうは粘土なんだという。

クマールたちが赤土を運んでいる間、ボクはあたりに無数に転がる石ころを大小構わず大きな山になるほど運んできた。さらに周辺を歩き回ってツンツンした長い草をたくさん刈ってくる。こいつはさらに短く切って赤土と混ぜると崩れにくい丈夫な泥壁になるらしい。ちなみに、この土地にはあちこちにお化けアロエのようなリュウゼツランが生えているが、この太く長い剣のような葉をクマールは水に漬けて柔らかくし、細く裂いて器用に畳織りにし、寝ゴザを作った。出来上がりは日本のゴザとむしろの中間みたいな感じだった。

さて、赤土の大きな山ができたらそのそばに直径一メートル、深さ二〇センチ位の丸くて浅い穴を掘る。ここの土は石のように固く小石ごろごろなので粘土には向かないが、ミニチュア牛が運んできた赤土粘土は粒が細かい。それをまず、浅い穴に入れ、短く切った草も入れ、水を入れると、足で踏んでこねる。その役はボクだ。なにしろクリシュナムルティは力があっても片足なので効率が悪い。その頃にはボクの足裏もすこぶる丈夫になっていた。開拓地の暮らしは裸足なので最初は小石や茂みを踏むことすらできなかった。でも、足裏の適応力は素晴らしく、気がついたら棘のある草だろうと尖った石だろうと平気で踏みつけ、歩いていた。さぞかし固く厚い足の皮と思いきや、これが逆で、日本にいるときよりもすべすべつややかだ。ふーん、太古の昔の人間様はこうした足をしていたんだな。

小屋の輪郭を地べたに線を引いて決めていく。けっこう広い。人間三人と牛三頭でも余裕だ。何やら嬉しい。でも、日本ならここが台所、ここがトイレ、ここが寝室などと〝おままごと〟をするところだが、いま描いた線は単に四角いまわりの線だけ。究極のシンプルな建築物である。

その線に沿って、こねた赤土を一〇センチ位の厚さで置いていく。その上に無数の小石を載せていき、さらに土を載せ、次は一〇〜三〇センチの細長い石を置き、また土を載せ、小石を敷き……。延々とこれを繰り返す。

数日もたつと我が城の輪郭が壁状になって見えてきた。ここに来る前に土方人夫になって家作りを手伝ったオーロビルでは、粘土と石ころではなく、粘土と日干しレンガの積み上げだったが、工法はほとんど同じだ。ボクもけっして初心者

クマール（中央）、クリシュナムルティ（左端）ら、ボクの同居人と出来立ての我が家

14 破傷風

じゃないわけだ。八メートル×五メートルほどの四角い我が家。ひと間きりでもやっぱり嬉しい。その壁が腰くらいの位置まで積み上がってきた。戸口や窓はこの地方では貴重な木を使って枠取りする。

その作業は村から来た男がやはり牛車に木枠などを積んでやってきて泥の壁に開いたドアと窓用の隙間をガツガツと削って木枠をはめ込んでいった。これがひとつの戸とひとつの窓になった。泥壁と木枠とはぴったりハマらずにあちこち大きな隙間が残ったが彼はまったく意に介さない。まぁ、ほとんど雨が降らない土地なので問題ないか。

泥壁は土、小石、土、大石、土と順番に重ねていっただけなのに、こうして家の壁になっていくんだ。ボクは、はしゃぐ気分で家作りをしていった。これまで何もない地べたにクマール手製のゴザを敷いて夜は寝転んでいたのだが、今ではまだ屋根はないものの、壁の中で寝られる。

5年後の我が小屋に立つボク（右側が増設されていた）

一日何時間も土をこねる足がもし木でできていたら、すり減っていたろう。でも生身の足はすり減ることもなく順調に壁土作りをしてくれる。ところが、ときどき尖った小石が土に混じっていて、それが足を傷つけ、小さな傷が絶えなかった。ある時、「痛い！」と思って足を見たら、左足のアキレス腱のところがパックリ切れて血が泥水を赤く染めている。すぐに足を洗って傷口を手近な布で巻いておいた。少々我慢すれば作業は続けられるなと考えて無事な方の右足を中心に泥コネをして壁作りをしていた。

その夜。傷口が強く痛み、眠ることもできない。足は熱を持ち腫れている。翌日は休んでいたが、治るどころか、次の日の夕方になるとボクの口が強ばってきて、ろれつもうまく回らない。これはヤバい。クマールたちが夜を徹してボクを小さな荷車に載せ、岩山の村まで運んでくれた。村には祈祷師がいる。朝早くにやってきた祈祷師は何やら呪文を唱えて白い粉をボクにかけ、さらに傷口にもかけてくれた。でもそれで治るわけないだろ！

村に着いたのはまだ暗い未明だった。汗でびっしょりになり、痛みに耐えているボクを見るなり、カウラギ氏の奥さんであるギリジャンマ（ボクらは「ギリジャンマ＝ギリジャ母さん」と呼んでいた）が祈祷師を無視して近隣の町まで医者を呼びに行かせていたようで、午後には医者がやってきた。ここの地理と交通事情を考えるとすごい速さである。医者はたぶん、抗生物質をボクに打ったのだろう。傷口の白い粉も洗い流して切開し、膿んでいる部分を切り取って清潔な処置をしてくれた。薬をカウラギ氏とギリジャンマに託して帰っていった。ボクは破傷風だとのことだった。治療まで八〇時間、手遅れになると死ぬところだったようだ。

15 インド風コンクリート

岩山の村で傷が癒えるまでのんびりとしていたが、久しぶりの村暮らしは、なんて文化的なんだろう。もちろん、この村には家電製品なんてないし、どの家も家具は最低限しかない。台所には薪かまど、少し洒落た家では登山などで使う灯油式のホエーブス（山では必須の調理器具）そっくりのコンロが何もない土間に主人のように鎮座している。まぁ、質素というよりほとんど何もない簡素さだ。でもともかくここの住人の半分はサンダルを履いてるし、太い麻ロープで組んだネットを張っただけのベッドに固いマットを敷いて寝る。これでも地べたごろ寝の開拓地暮らしとは天と地の差。

そうしてボクは回復し、ふたたび開拓地の我が家に戻ってきた。

中断していた家作りも再開。屋根部分の梁材は貴重な丸太を使い、瓦を載せる細い垂木部分は開拓地周辺の茂みからまっすぐの細枝を取ってきて張りめぐらし、麻ロープで固く縛る。梁を支える柱はなんと、岩山の石切り場で切り出してもらった石の柱を村人が運んできてドンドンと立てた三本の見事な大黒柱である。しかもこの土地では木材よりも安価らしい。ボクは石の大きな柱がカッコよくて、さすりながらニヤニヤしていたようだ。クマールたちが呆れて見ていた。屋根に載せる瓦は、村の瓦屋が作った日干しの瓦だ。これも赤土を型に入れて作るらしい。でも工法が違うのか、乾いて固くなった壁よりもさらに固く、きめが細かい。こいつを教わりながらうまく並べていき、ようやく小屋は完成！　何という感激だろう。バンザイ!!と思ったら、もう一つ、作業が待っていた。

クマールがふたたび土をこねるよと言う。でも今度は、燃料用にとっておいた白牛のフンを使うらしい。クマールに従い、これまで散々に土をこねたあの浅い穴に貴重な牛フンを大量に入れる。さらに土も同量ほど入れてから水を加えた。水が滲みて軟らかくなった頃合いを見計らってあの土コネ作業が再開した。もう終わったと思っていた仕事を不意にまた始めるのはなかなか気力を要する。それにしても幾多の苦難を乗り越えてよく働くボクの足だ。歩く仕事以外にこんな仕事ができるなんて二足の足たちも思わなかったに違いない。でもそろそろやめにしたいよ……。

足踏みで牛のウンコをこねながらボクは「この糞は何に使うんだい？」と聞くと、クマールは「コンクリートだよ」とこともなげに言う。「？・？」わけのわからないボクは少々混乱をした頭で足踏みをしていたが、それを見ていたクマールはクリシュナムルティに指示すると、彼は手の上でこねた土と糞のミックス粘土を小屋の床に塗らせた。

なるほど……。そういうわけか。ウンコ漆喰なんだ。あまり腑に落ちてはいないものの、ボクもせっせとフンを水でこね、床や出来立ての壁に凸凹がないように手で塗っていった。白牛のフンは床の大半と、壁の一部を塗ったところでなくなり、また白牛が日々生産するフンというかウンコを小屋

ウンコ漆喰

の隅に溜めるようになった。

日本人にこんな話をしても顔をしかめる反応しか返ってこないだろう。でも、このときクマールがボクに教えてくれた伝統的なウンコ漆喰は、ボクらの小屋のグレードを驚くほどに引き上げた。乾いてパリパリになると、このウンコ漆喰はたくさんの気泡を持つ多孔質構造に加えて繊維質が満載なので、断熱効果やクッション性にとても優れていた。クマールによると虫も寄り付かないらしい。これは嬉しい。ボクは以前ほどではないが、今も相変わらずダニやら何やら虫刺されに悩まされていた。そしてこの夜以来、ボクはじかにこの床に寝ても体を冷やすことがなかった。慣れると匂いもいい。心がとても安らぐのだ。部屋の中が白っぽいフエルトで囲まれたような感じで、雪が降った東京の街のように一種、清々しさも生まれるのだ。そして、たしかに夜寝ている間に虫の餌食になることもなくなった。

日本に帰ってきてから牧場をやり、牛も一二頭飼ったが、その理由は、このときの匂いと安らぎをふたたび得たいと思ったからだと言ってもいい。

このウンコ漆喰は乾くとひび割れするのと、少しずつ剥がれてもくるので毎週日曜日に上塗りすることが日課になった。もちろん、嬉々として楽しい作業となったことは言うまでもない。

第1部

アッパーのアジア奮闘記

第3話　インドで暮らすの巻

――一九七二〜七三年

16 フドゥギ・モカ

ボクの鼻の下にはヒゲがある。いつから生やしているのかと言えば、この開拓地暮らしからだ。その当時の日本ではヒゲ族はほぼいなかった。ヒゲはボクの生まれる前の時代、つまり、戦争中まではやたらに偉ぶるヤカラに共通する象徴であった。役人、警官、教師、政治家、町内会長が競ってピンと跳ね上げるようなヒゲを鼻下に伸ばした。権威を身にまとうのにうってつけの象徴だったな、あれは。一九六〇年代末期にジョン・レノン、ジョージ・ハリスンらがインドにハマり、ヒッピーめいてきてヒゲを伸ばし放題にしだしたが、あのヒゲ姿は汚いし付け焼刃で格好良くなかった。

日本にいた時もインドに渡った時もヒゲを伸ばすなんて考えもしなかったが、いざ、ここに住んでみると思いは違っ

フドゥギ・モカ

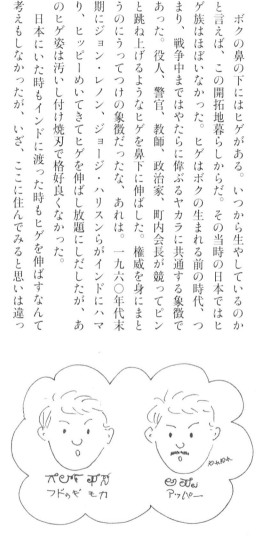

た。どっちを向いてもヒゲ族だらけだ。岩山の村で暮らすようになってすぐの頃、ボクのニックネームを「ガネーシャ」にしようと、カウラギ氏がみんなに宣言したのだが、記憶にある限り誰も呼ばなかった。「ガネーシャ」とはシバ神の息子で、象の頭をして腹の出た小太りの神様で知恵や学問の神として、あるいは商売繁盛などのご利益で庶民に慕われている。でも、見た目ではボクとは似ても似つかない。

それに代わってチラホラと呼ばれ出したのは「フドゥギ・モカ」だった。エキゾチックな響きだし、なんか由緒ある言葉だろうと勝手に気に入ったが、ボクが呼ばれてニコニコするほどにみんなが笑う。なんだろう。まだボクの理解できるボキャブラリーは極端に少なかったのでニコニコするしかない。しかし、簡単なやり取りができるようになった頃、このニックネームの意味を問うてみた。なんと！「フドゥギ」とは女の子。「モカ」とは顔。いい若者がヒゲがないとは〝女の子顔〟だ、と言われていたのだった。ショック……。

それ以来、ボクはヒゲを一切剃らずにハサミで整えるだけでインド時代を通した。まだ若かったのでヒゲモジャにはならず、ちょうど鼻下だけに伸びて、現在に至る。

もちろん、ボクのニックネームもこの後に変わって、「アッパー」となった。

「アッパー」とは一般的には身近な年上の男性を指すが、ボクの場合、さまざまな紆余曲折の末だったせいか、ボクにとてもよく懐いていた「片足スッピ」と呼ばれた片足の六歳児が「アッパー、アッパー」と呼んでいたために、意味などウヤムヤのまま、この呼び名が定着したのだった。

17 肉食・酒・タバコは禁忌のベジタリアン生活

インドはタブーだらけだ。これは三〇〇〇ともいわれる職業や〝生まれ〟などで決められた帰属集団ごとにタブーがあるためで、同じ村で暮らしていても異なる習慣、タブーを持つ。だから人によっては、求めれば町のレストランで肉は食べられたし、ほとんどの場所でタバコも吸える。でも、ビールはインドでは飲まないほうがいい。この当時のインド人のほとんどは少なくともボクの周囲ではアルコールを飲まなかったし、そもそもインドビールは不味い。少なくとも一九七〇年代前半のインドの話だが。

ところで、ボクらの開拓プロジェクトの本部ともいうべき由緒正しいヒンドゥー教の聖地を抱えた村には千年以上も前の立派な石造りの神殿が岩山の各所に建っている。当然、（ボクは知らなかったのだが）村ぐるみ、肉食もタバコも酒も禁忌のベジタリアンの土地だった。

この土地に着いた当初のボクは日本での生活の名残でタバコ中毒患者さながらだった。インドで下層階級の人々によく吸われているのは、「ビーディ」という名のごわごわした葉っぱ巻きタバコで、マッチ棒サイ

インドの労働者はビーディがよく似合う

ズの小さく細いやつが二五本で束ねて売られている。当時、一本あたり〇・二五円。やたら安いのだ。しかもすぐ消えるので貧しく痩せたインド労働者はいっぺんに吸わずに耳に挿したりして節約している。

ボクは変わった味のこの爪楊枝のようなビーディを気に入って幾束か持っていたのだが、この荒野開拓計画の責任者であるカウラギ氏に日本土産の昆布茶缶と一緒に何気なく差し出したビーディは、カウラギ氏と奥さんのギリジャンマには気に入らなかったようだ。困った顔で互いに見合っていたが、カウラギ氏が昆布茶缶の中身は何だと聞いてきて、ボクは身振り手振りで海藻を表現した。演劇を学ばなかったせいか、どうも魚かタコと勘違いしたようだ。忌まわしいものを持つような仕草で昆布茶缶とビーディをつまんで出て行ってしまった。言葉がわからぬボクはどうも居心地の悪い最初の晩だった。

もちろん、現地語がしゃべれるようになったのちにこの時のボクのまぬけ顔や持参した土産の運命を幾度も笑い話で聞かされたのだった。

18 自給自足生活の食べ物

この開拓地の暮らしはほぼ自給自足。早朝に起きたら自分で掘った穴で用を足し、自分で掘った池で顔を洗い、口をすすぐ。洗面に関する一連の所作は誰でも幼児期から身に着けていると言いたいが、この地ではかなり事情が違う。顔を洗うときは金属製のコップ一杯の水ですべて済ます。コップの水を右手で数回に分けて受け、顔をその手でごしごし洗うのだが、たいてい上半身裸でいるし、足だって裸足なのに、水が体や足にかかるのをひどく嫌うようにグッと顔を前に突き出して洗う。この程度ならボクもすぐマスターした。ところが、口すすぎは練習が必要だった。ブクブクしたらそのすすぎ水は口先をすぼめて一〜二メートル先にピュッと飛ばす。慣れてくると一本の細く鋭い放水となって、ネラった一点にピタッと飛ばせる。それがどうした、と思うのだが、小さな子まで上手にピューッとやるのを見れば、ボクも負けじと思うものだ。なるほど、ここでは足元をけっして濡らさないことが大事なのか。

洗面を済ますと手ごろな気持ちの良い場所に胡坐をかいて、夜明けの朝日に向かって覚えたてのインド風讃美歌を歌う。これは今も忘れることなく、ときどき口ずさむ。刷り込みのようなものだ。ヒンドゥーの神様であるビシュヌ神を讃える歌だけど、ボクにはほとんど意味不明のサンスクリット語の語句が神妙な調べで口から出てくることが心地よかった。

お祈りの後にコーヒーを飲む。後に知ったところでは、南インドのコーヒーはミルクを入れるのが土地の習慣なのだが、ボクたちにはそのミルクがなかった。ちなみに、コーヒーは南インドからアジア、中南米、南米と伝わっていき、今でも南インドがアジア最大のコーヒー産地だ。

朝食はこの地方ではというか、ボクの知る範囲では食べない。昼と夜だけの一日二食だ。理由はもちろん、食糧の絶対量の不足だろう。だから午前中は腹をぐうぐう言わせながらの炎天下の肉体作業。昼にやっと第一回目の食事。ラーギー[※2]と呼ばれるこの地方特産の香ばしいヒエの粉を塩水で練ってまん丸いおにぎりにし、スパイスだけで中身が何も入ってないカレー味の味噌汁のようなスープで茹でたもの。これだけの簡単な食事だけど、これがけっこう旨い。ゲンコツ大にしたラーギーをボクは二個、ほかの仲間は一個食う。そして午後も汗を噴きだしながらの作業をし、日暮れ時にやっとコーヒーにありつけ、お祈りを夕日に向かって行う。そのまま夕食の支度をして、二度目のラーギームッディ（ラーギーおにぎり）と中身のないカレースープ。

じつに、これだけのまったく変わらない同じ食事を最初の野菜の収穫が得られるまでの数か月、食べ続けた。数か月後、艱難辛苦、我が畑が活躍して収穫ができた野菜たちは歓喜と共に日々のスープの実になっていった。生サラダのごときものはこの地方ではないようだった。少なくともボクは食べる機会がなかった。唯一の生サラダ?であり、唯一のオカズであった青唐辛子は、赤唐辛子よりも激辛なのに、慣れというのは恐ろしい。割り当ての二本をまるでキュウリのようにポリポリかじって食った。こうして一日二食のラーギームッディはつねに主食であり続けたのだ。

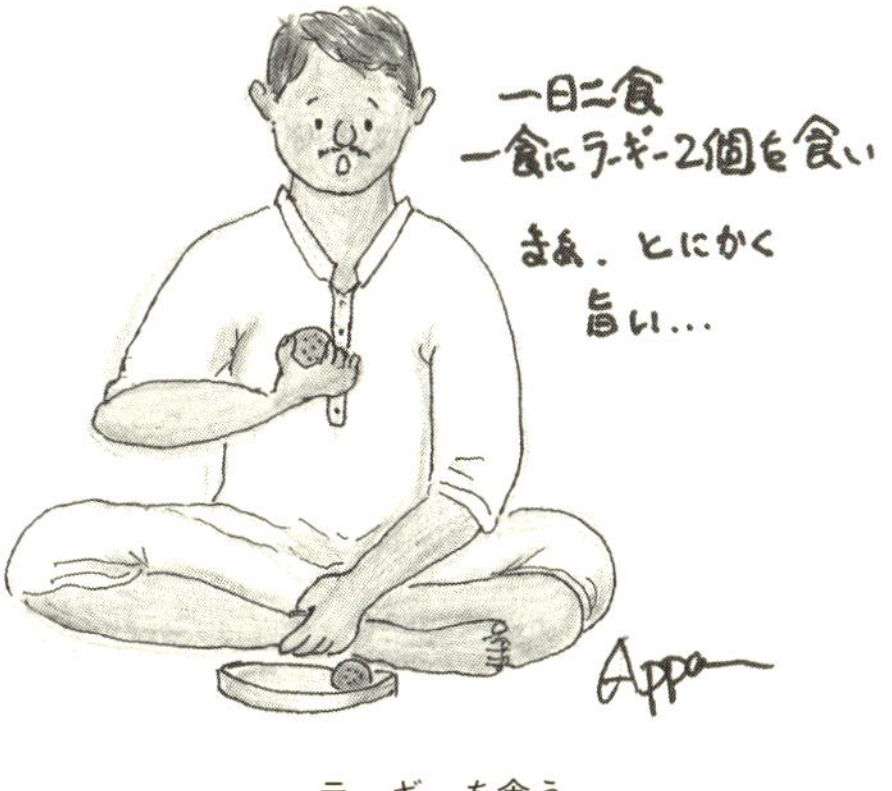

ラーギーを食う

現代日本では二日も同じ食事だとげんなりするだろうし、なんとか変化をつけようとオカズや汁を工夫する。でも地平線まで人家のないこの開拓地では、毎日毎食、延々同じものなのに食べ飽きない。空腹は最良のコックである。日々のラーギーと何も入っていない薄いカレー味のスープがじつに旨かった。青臭く激辛の青唐辛子もまた、旨かった。人は環境に慣らされるものなのだ。

このラーギーは香ばしい粉だが、ビタミンやミネラルも豊富なんだろう。ほかにはコーヒーしか飲まない厳格なベジタリアンの暮らしだったけど、不思議なことに栄養失調にもならなかった。かつて、日本軍の兵士たちは米ばかりを食い、オカズはタクアン程度だったためにビタミン不足で脚気が多発したそうだ。ボクはラーギーのおかげで健康でいられた。

※2　数十年のちに石川県白山市白峰地区で細々と栽培している「シコクビエ」を教えてもらい、食したところ、その味は忘れたこともない、夢にまで見た「ラーギー」だった。インドマイソール地方では「ラーギー」と呼ばれ、主食の一つとされる。

19

用を足したら水で洗う

デカン高原の南端にあるこの開拓地に限らず、インドの民家では地べたに胡坐をかいて座る。通常の胡坐座り以外によく見かける座り方が一風変わっていた。女性は片膝を立てて座り、男たちは正座座りを横にずらしたかたちの、女性の仕草っぽい座り方で「ウッフン」とでも聞こえてきそうなのだ。この習慣は男兄弟で育ったボクにはなかなか慣れなかった。胡坐か正座、さもなければ体育座り（懐かしい）でしのいでいたが、いつしかボクも郷に入れば郷に従えで「ウッフン座り」をするようになっていた。

それに日本でも知られているように、食事は手づかみ。使う手は右手だけ。左手は用便に使うので食事にはけっして使わない。右手が不自由なハンディキャップを持った子どもは左手で食べていたけど、それは仕方がない。

さて、用便について話そう。ウンコを手で触るなんて！と顔をしかめる向きもあると思うが、この水洗法はとにかく理に適っている。排便後に器に汲んだ水を右手で持ち、左手指先に軽く水をピチャッと流して間髪入れず尻を洗う。その繰り返し。最初はウヒャッとするが、すぐに清潔な尻洗いの感覚になり、もういいか。というところで尻の周囲を器用に指の腹を使って水気をとり、その手指を洗って終わる。これを初めてやったときはそれなりに覚悟があるとみんな言うが、ボクもそうだったかどうか覚えていない。指先を使った水洗法は気持ちよく、しっかり洗えるので清潔でもある。それにたぶん、インド人には痔はないだろうとひそかに思っている。

南アジアだけでなく、広くアジア各国は水で洗う文化だ。中東などイスラム圏でも、浄と不浄の観念が戒律となっているために、紙は不浄、水洗は浄である。でも、のちにイランやアフガンを旅したときは、乾いて水もない土地では人々は少し離れたところに行ってしゃがみ込み、手ごろな石で尻を拭く。いや、石で削り取る？　その石もよく見ないと使用済みの石だったりするので要注意だ。ボクも石でやったがうまくいかなかった。何事も熟練が必要なのだ。その点、水はいい。これはＪＴＢのツアーで行く人にはわからない世界だろう。

後年、日本に帰ってきてからトイレで紙を使わねばならなかったときは（インドでは空港でも水で洗うようになっている）、インドで初めて水で洗ったとき以上にハードルが高く感じて、じつに不潔な気がした。そう、水は清潔。紙は不潔なのだ。長く使っていなかった日本語もすでにおかしくなっていたし、ボクはインド人いや、アジア人になっていたに違いない。

20
服も自前、布地も自前

店で買い物をすることはなかった。そもそも我が開拓地には店がないし、岩山の村でも些細な日用品を扱う粗末な屋台程度の店しかないので手元のわずかな現金はまったく減らない。この土地にたどり着いたとき、すでにボクの着ていたジーンズもTシャツも途中の町で仕立てた安物のインドシャツもくたびれていた。買い替えたくても店がないので困っていると、カウラギ氏とギリジャ母さんが綿花を自分で紡ぎなさいと綿のかたまりと箱型の携帯紡ぎ車を持ってきた。なるほど、ここではみんな朝夕の祈りの時間に紡ぎ車を回して自分たちで綿から糸を作っている。それは祈りの儀式かと思っていたが、ちゃんと服を仕立てているんだった。

箱型紡ぎ車

さっそくボクも糸紡ぎを覚え、自分で紡いだ糸の束を村の機織りをしているおばさんに持っていくと、それを生成りの布地に織り上げてくれた。さらにその布地を村の仕立て屋に持っていくと白いインド服が出来上がった。完ぺきではないが自分で作った服に感謝感激。上着は首から胸までがボタン留めで頭からかぶって着るスタイルで、裾が膝近くまである「クルタ」と呼ぶシャツタイプ。クルタは胸のボタンがナント、小さなくず布を糸で丸く固めただけ。でもこのボタンはちゃんと役割は果たす優れもの。

下半身は、何の仕立てもしていない五メートルほどの長い「ドーティ」と呼ばれるただの白い布。これを広げて後ろから前に回してギュッと締め、左に垂れた布を股下くぐらして背中側にたくし込み、右側の布は蛇腹に束ねた状態で腹にたくし込む。説明すると難しいが、数千年昔から変わらない着方だそうだ。なんか、清々しい気分だ。ボクもどこから見たってインド人。みんなも喜んでくれる。これは作業でも礼装でも着られるらしい。だけど問題はパンツを履かないで着ることにある。

ボクを見舞った悲劇は村なかに戻っていたときに起きた。洗濯してパリッとしたインド服を身に着けたボク

インドの正しい服

は、村の子どもたちと鬼ごっこをして遊んでいたが、突如、腹が急にふわっとしたかと思うと、キツク巻いたはずのドーティがドサッと下に落ちた。間の悪いことにクルタは暑いので脱いでいたため、ボクは突然、素っ裸になってしまったのだ。子どもたちは大喜び。ボクは子ども以外にあたりに人がいないことを確かめようとすると、なんと、おばさんたちがいた……。

銭湯以外に人前で裸になった覚えのないボクにとって忘れ得ぬ悲劇の思い出だ。でも、村では喜劇の思い出として語られている。

21 禁断症状

清教徒のようなベジタリアンの暮らしも悪くないし、むしろボクの人生上ではもっとも健康だったなと思えるほどに体調はよかった。毎朝、ほれぼれするほどに立派な分身が出る。便秘だとか下痢だとかは無縁な暮らし。でも、身に沁み付いた性はどうしようもない。初めに禁断症状が出たのはタバコだった。かの可愛い系の(実際は下層階級向けだったが)ビーディなどは薄茶色に乾いた葉巻なので、その葉っぱに似た落ち葉を見るともういけない。目の前にビーディがチラつき、落ち着かなくなってくる。開拓地から時おり戻る由緒正しい岩山の村はヒンドゥーの戒律が厳しくしかれて肉食や酒、タバコはもってのほかだが、なにごともザルのように漏れるものだ。この土地にもこうした戒律に縛られない階級の人々も幾分いる。そうした人たち向けに小さな日用品を扱う店にはタバコも置いてある。すると、現在、激しく禁煙中のボクはこの店がある路地には近づくことができない。わざわざ大回りしてその店を迂回せねば、突如とした禁断症状がどのような行動をボクに取らせるのか甚だ自信がなかった。

次に酒だが、これはたいした禁断症状もなかった。酒は簡単にやめられるんだなと思っていたのだが、日本に戻って最初に始めたのは酒だったという事実は公にしておこう。

酒よりも深刻なのは肉への欲求だった。こうして書くと何やら、いやらしいが、ボクの場合、食欲の話である。いつしか夜になると腹いっぱい肉を食らう夢を見てヨダレをたらしているらしい。隣に寝ているクマールたちはボクのにやにやした寝顔を見て頭をかしげていたそうだ。

22 鶏を飼う

ところが我が開拓地にクマールが小柄な鶏を連れてきた。この鶏はオスと暮らしていたのだろう。玉子を七、八個産むとそれをすべて抱えて二一日間。可愛いピヨピヨたちが次々に殻を破って飛び出してきた。可愛いのだが、やたらに旨そうだ。見つめるボクの目つきはかなり変だったに違いない。クマールが「アッパー、彼らは食べ物じゃないよ」と言う。開拓地の住民として暮らし始めた地鶏の一家は我らベジタリアン一族にとっては〝ペット様〟で食うわけにはいかない。もちろん、クマールがペットだけの意味合いで鶏を連れてきたのではない。時おり産み落とされる卵が我が開拓地経営の貴重な現金収入となったのだ。ボクは脳裏にこびり付いている卵焼きや生卵ご飯の味覚がどっと押し寄せては来るのだが手に取った卵を食べることができない。数がまとまれば近隣の村で開かれる週一回の青空市に持っていき、現金に換えることになっていた。

23 畑の開墾

でもあるとき、暑さと疲れとでデング熱（熱帯の熱病）にかかり、高熱で寝込んだとき、村からやってきた祈祷師のオヤジはボクに呪文とともにまた白い粉をかけて帰っていった。それで治ればオカルトだろう。この土地ではデング熱やマラリアで寝込んだ人は、栄養を摂るべく滋養のあるものを食べるなんてことはせず、ひたすら寝る。ボクもそうした運命に委ねられたのだ。でもボクは、あいにく中途半端に日本人なので、こうした際には自分の判断を優先する。祈祷師が帰り、クマールたちが外で作業しているとき、ボクは隠し持った卵を飲んで徐々に体力を回復した。それはこの土地では恐ろしい破戒行為だったが、ボクは便宜上のベジタリアンだし、あまり心も悩まない。ペットの地鶏たちはボクにとってはいざという時の保険になったのだった。

ヒヨコと玉子、どちらも旨そう

開拓地の自給自足に欠かせない畑は、この土地で最初に手がけた井戸掘りに続いてとり掛かっていた。畑の予定地にしていた荒地の開墾は、クマールたちや村人に教わりながら主にボクが見よう見まねで取り組んできた。農業を学んだ人が来てもまったく役に立たないほど、この土地は農業の知識とは無縁のような環境だったろう。といってもボクが日本で農家でも農業研修生だったわけでもない。

農家と言ったってボクが連想するのは肥溜めだ。その頃の日本中の畑ではまだ肥溜めが普通にあった。母が昔、人から聞いた話では、夜道をほろ酔いで帰ってきた男が、途中で女の人に出会い、おいしい饅頭やお菓子をご馳走になって、ついでに風呂まで入らせてもらったそうだ。朝になって男の家族が心配して探してみると、くだんの男はまだ、肥溜めに腹まで浸かっていい気分だったらしい。饅頭と思って手に持っていたのは馬糞だったとか。これは狸かムジナに騙された話で、昔の狸はこんな技も持っていたんだな。

それはともかく、ボクの農家のイメージは肥溜めが切り離せない。やんちゃで走り回っていたガキンコだ。もし落ちたりしたら深さはどうなんだろう、立てるんだろうか。などというかすかな惧《おそ》れも心のどこかにあったりした。

こんなことだから、農業知識は皆無。それがあろうことか、デカン高原の固い大地を開墾せよと言われたのだ。これは知識とか技術とかではなく、ひたすら肉体労働に耐える能力だけが評価された所以だ。

人類が地球上にくまなく分布できた要因はそのすさまじい適応力にある。ボクも人類の端くれ。

そうして、この岩砂漠の大地に畑を作ってしまったのだ。

24
岩のような土を開墾する

その土地は文字通り、クワも跳ね返すほどのカチカチの地面。

ボクに持たされたのは一・五メートルほどの先を尖らせた重たく長い鉄棒で、何に使うのかと思いきや、一五センチおきにガチンコの地面に渾身の力で突き刺して穴を開ける作業だった。地面に引かれた線に沿って延々これをやり、アナボコが一列二〇メートルくらいになると、その穴を手がかりに次にはそこをクワで掘り起こす。インドのクワは柄が短く、しゃがんだ状態で大上段に振りかぶって使う。腰を使わないので馴れるまでけっこう疲れたが、使い慣れると今度は立って作業するほうがやりづらくてなってしまった。

何の恨みか、顔を真っ赤にして「アッヨー！　ケッタラック（コンチクショウ！　岩のバカヤロウ）」と鉄棒で穴を開け、クワで掘り起こす繰り返し。延々気が遠くなる作業だった。若さと熱情、元気だけ（いや、単細胞思考も加えよう）を持っていたボクだったか

鉄棒で穴を開けて……
岩のような大地の開墾

らよかったのだろう。日本が恋しくなる暇もなかった。

幾日か幾週間、ついにそうして広い畑ができたのだ。栄養分など微塵もなく痩せて乾ききった大地なので、そのままタネをまいても干からびてしまう。だから堆肥と水が必要だ。

クマールが教えてくれたのは、ボクたち自身の分身利用だった。つまり人糞。畑の近くに穴を掘っただけで囲いもない超簡単なトイレは紙も使わないので不純物は混じってない。トイレがいっぱいになると隣に穴を掘り、また隣に……。最初の穴はもうすっかり乾いて臭いもなくなっているのでほじくり返して畑にまく。さらにクワでシャッシャッと漉き込んだところを池から汲んだ水をまく。水は見る間に乾いた地面にスーッと吸い込まれていった。それを根気よく繰り返すのだ。

これが功を奏して野菜の赤ちゃんたちが育ち始めてくると嬉しくてたまらない。こうなると、トイレを作るまで適当な岩陰で用を足していた開拓最初の時期の分身たちまで勿体なく思えてきた。なにしろここでは貴重な資源になるのだ。さっそくいくつかの岩陰を回ってカラカラに乾いた分身たちを拾い集めたのは言うまでもない。

25 初めての収穫

開墾から二～三か月後に収穫できたナスや唐辛子、キャベツは嬉しさのあまり、涙を流しながら食った。それまでホントにヒエの粉を塩で練り茹でた団子だけで、新鮮野菜なんてあり得なかったのだ。

ナスやピーマン、唐辛子など、ナス科の作物を一通り作り始めると、次は換金作物だ。月に一〜二回?開かれる青空市はボクらの開拓地から遠く離れているので、行く機会もなかったが、この開拓地でも換金作物を作ろうということになり、始めたのがスイカ栽培だった。こいつはこれまでの畑とはまったく違う方法で、深さ三〇センチ、直径二〇センチくらいの筒型の穴を規則正しく一列に開けていく。五〇個ほどの穴ができると、次は貴重なジンプン堆肥を砕いて少しずつ入れる。そしてようやく、一つ、一つ、タネを入れていくのだ。最後は水。これが衝撃だった。ナント、毎日欠かさずに一つの穴ごとにバケツ一杯の水を入れるのだ。つまり、百メートルほど離れた池(井戸)から、エッチラオッチラ、バケツで五〇往復……。


このスイカができたときも感激モノだった。赤ちゃんのように大事に抱えてそっと牛車に積みこみ、クマールと青空市に出かけた。明け方に出て昼前にようやくたどり着いた市では、近隣の村人や開拓民があちこちから集まっていた。野菜や手作りヨーグルト、布地に混じって、足をつながれた番《つがい》の鶏やヤギ?肉もある。え? ここはベジタリアンの土地じゃないの??

クマールに聞くと、この土地にもアンタッチャブル(不可触賤民)が住んでいるそうだ。彼らはカーストの戒律にもあまり縛られることなく、肉食もタバコもやる。なんだ、それならアンタッチャブルもいいじゃないか。「ボクも肉食いたい……」と、喉まで出かかった言葉をかなりの努力で飲み込んだ。

さて、見るとスイカを地面に積んで売っている人もあちこちに。おっと、商売ガタキがいるじゃないか！ てっきり自分たちだけがスイカを持ち込んだと思っていたボクは、最初から焦ってしまった。さっそく枝を広げた大きな木の下に陣取って布を広げ、スイカをなるべく見栄えのいいように積み上げた。愛しの我が子たちだ。

そこに、通りがかりの一人がボクらのスイカの前に立ち、一つを手に取ると、ナイフを腰から取り出していきなりブスっと差し込み、二センチ角ほどの切込みを入れ、スーッと芯まで赤い実を抜き取って食ったのだ。アレレ、いいのかそんなことして！ ボクは息を呑んでこの男を見つめた。男は無表情のまま、立ち去ろうとする。「ちょっと待て！ お前、うちのスイカに何をするんだ。傷モンじゃないか！」

怒鳴ったボクにあたりの人たちがみんなびっくりしている。クマールがあわててボクを止めた。

「アッパー、何するんだ。やめろ！」

「だって、こんな穴を開けられちゃったんだぞ！」

たぶん、真っ赤な顔に青筋立ててボクは怒っていたに違いない。ところがこの土地ではこうして品定めするのが習慣だったのだ。ボクはこのスイカを大きくするまで

村の市でスイカを売る

の苦労が脳裏を占めていて、なかなか納得できなかった。ボクの可愛いスイカたちなんだ……。

26 日本軍が来てインド人が餓死した

帰る道みち、クマールがカウラギ氏から以前、聞かされた話と前置きしてこんなことを話した。カウラギ氏が若かった頃、東インドのベンガル地方で三〇〇万人を超す人々が他国の戦争のために餓死したという話だった。太平洋戦争当時、破竹の勢いで日本軍が西欧列強の植民地だったアジア各地に進撃した。第一次世界大戦の前の日露戦争では日本は白人を破った唯一のアジア人としてアジアやアフリカ、中東などで熱狂的に称賛されたが、今度も白人による植民地となっていたアジア諸国を解放するかもと、当初は歓迎されたらしい。

植民地インドの属領としてビルマも支配していた当時のイギリス植民政府はじりじりと押されていた。その日本軍がついにビルマまで進軍して全土を支配下に置いたが、同時にイギリスからの独立を求めるビルマ人、インド人などがそれぞれ日本軍の援助で軍を組織して独立軍を結成していた。非暴力で知られるマハトーマ・ガンジーとならび、インド独立の父とされているスバス・チャンドラ・ボースは、日本の支援を受けてこのインド独立軍を率いてイギリスと戦っていた。「へぇ〜、すごく詳しいんだね。クマールは」と合いの手を入れると、「つい、三〇年前のことだ、当たり前だよ」と返されてしまった。

ビルマを日本に占領されたとき、ベンガルに総督府をおいていたイギリスが、日本軍の補給路を断つためにビルマとベンガルの物流ルートとなっていた河川の船舶、陸路や牛馬車、トラックなどを焼き尽くす焦土作戦を行ったため、ビルマからのコメを断たれたベンガル地方で三〇〇万人が餓死する事件が起きた。インド国内では、日本軍がビルマを占領し、ビルマの米も徴収して日本に持って行ったのが大きな理由として知られているらしい。

クマールに教わるまで、こうした歴史は知ることもなかった。へぇ〜、知らなかったなぁ。世界史は明治あたりまでで時間切れとなり、大正も昭和の第一、第二次世界大戦もその後の世界秩序もあまり教わった記憶がない。こんなことは日本の教育だけなんだろうか。

ともかく、ボクにつながる日本人の所業が回りまわってこのインドで大惨事を引き起こしたという事実を教えられて、ボクはショックだった。歴史の講義を受けているような気分でもあったが、ボクを含む現代日本人の当事者意識のなさは我ながら情けなかった。

ところでその後、帰国してからこの件で調べてみたが、一九四三年のベンガル三〇〇万人大量餓死事件は日本軍のビルマ占領が遠因ではあれ、日本軍のベンガル侵攻を警戒したイギリス総督府が物流ルートの過剰な焦土作戦を行ったことが原因だとする説がある。しかも、当時のベンガル植民政府の備蓄は相当数あったのを、飢餓に陥った貧民たちの救済用に放出しなかったとか、時のチャーチル首相はベンガルで大規模な飢餓と疫病が発生していながら、アメリカやオーストラリアなどからの食糧、医療の支援の申し出をことごとく断って飢饉を放置したという事実も知られるようになってきた。

戦争だ。アッチが悪くてソッチは悪くないなんていうことはない。いちばん弱いものにみんながしわ寄せをするのだ。それも残酷な方法をためらわずに。

中国・朝鮮半島の支配に続いて、日本は「大東亜共栄圏」と称して、当時欧米の植民地であった東南アジアや南太平洋、南アジアにまで戦線を拡大していった。先に書いたが、アジアで唯一、白人に勝った(日露戦争)日本の評判はかなり良かったらしい。

現にボクはインドで暮らしていたときだけでなく、のちに暮らしたり旅をしたアジア諸国や中東でも、数十年も前の日本の〝功績〟?を初対面の人に称賛されたりしたことが一度ならずある。とくに歴史的に反ロシア感情の強いトルコでは知り合う人ごとに褒められ讃えられた。欧米列強を駆逐して植民地解放に貢献したということや、明治時代にトルコからの親善使節団の海難事故に際して日本側が手厚い救助と保護を行った史実で、トルコ国民は日本人がともかく好きらしい。

でも各国が持っていた親日本感情は戦争初期までの話。ジンギスカンばりに急速に領土を広げていった日本は、その後、資源も兵站補給線も圧倒的に乏しいために、信じがたいほどに拡大された戦線に補給は回らなくなっていたし、占領地では余裕のなくなった日本軍による残虐な支配や行為が続発していった。

すでに長い戦争で日本は伸び切ったゴムのようになっていたんだな。各地で食糧も弾薬も尽き、ついに劣勢となって連敗に次ぐ連敗、全滅=玉砕を繰り返すようになっていった。さらに世界史上初めてという、国土の大半の都市も町も大規模な無差別空襲を受けて焼け野原となり、三〇〇万人の戦争死者を出して敗戦を迎えた。

ボクの両親の家も東京大空襲で丸焼けになり、親類縁者もかなりの人が死んだということだ。新聞社に勤めていた父が、当時、焼け出された大勢の社員と共に東京郊外、吉祥寺の社宅に入ることになり、戦後の復興と闇市の雰囲気が漂う町でボクは生まれた。周りの大人はすべて戦争を生き延びた人ばかりだったので、戦争の悲惨さはずいぶん聞かされていたが、子どものときからチラホラと耳にはしていた戦争の加害について、こんな形で正面切って話されるなんて、まったく考えてもいなかったので、このクマールとの会話は今もなお、忘れられない。まだ、アジアはあの大戦争の記憶が鮮明に残っていた。

第1部　アッパーのアジア奮闘記

第4話　開拓地の野生獣の巻

——一九七三〜七四年

27
開拓地の野生獣

この開拓地は見渡す限り、周辺に人家がない荒野の一軒家だ。

危ないのはコブラで、こいつは開拓地でもたびたび見かけて長い棒で仕留めた。ちなみに、ボクは一撃をするだけだが、村人たちは桁外れの反応をする。

一度、夕暮れの村中で興奮した人だかりに遭遇したことがあった。かなり薄暗かったが、何か危険なものを取り囲んでいるらしい。それにしても殺気立っている。見知った人たちの顔が別人のようだ。暗さも加わり異常な不気味さをボクは感じた。怖いもの見たさで近寄って見ると、群衆の輪の真ん中にはグシャグシャに叩き潰されたコブラがいた。それをまだ、三メートルほどの棒を持った数人が大声あげながら叩こうとしていた。ボクは胸が悪くなりそこを離れたが、そのシーンは長いこと脳裏に残っていた。

まぁ、被害がそれほど深刻なんだろう。現にギリジャンマも開拓地の開墾の応援にたくさんの連中を引き連れてやってきて、夕方近く、岩山の村に帰る道すがらコブラに噛まれ、大騒ぎになった。コブラの咬傷は命を取り留めても後遺症を残す場合が多い。ギリジャンマはその後、しばらく体調が悪かった。

開拓地では人間様以外に比較的姿が見えやすいのはオオカミたち。彼らがボクをどう見ていたのか知らないが、ボクは野生のワンコぐらいにしか思っていなかったので、怖いこともなく、一人でよく近くの探険に出て歩いた。さて、くだんのオオカミは見え隠れにチラチラするぐらいで近づいてこない。一応、用心のために棒を持ったが、岩や巨石や谷間が連続する人跡未踏？の荒野はワクワクするほどボクを呼ぶ。

北方の灰色オオカミと違って、ここのオオカミは少々小ぶりだ。数頭がつねにボクらの開拓地周辺でウロウロとしていたが、別に作物を取るわけでもなく、しまいにはボクも馴れてしまってあまり気にも留めなくなった。

ところで、血と涙と汗の結晶である作物たちが実り始めると、さまざまな心配が生まれてくる。ボクにとってこれらの作物は可愛い娘同然だ。そんな我が子に群がるチンピラはただじゃおかないぞ、と粋がってみたのはいいが、これが大変だった。開拓地には思わぬ強敵がいたのだ。野豚である。日本のイノシシと豚の中間のような黒く毛深い豚だ。こいつは近隣の村々の農民たちから恐れられていた。なにしろ群れでやってきて大事な畑を丸裸に食い尽くしてしまうのだ。

この野豚の天敵はと聞いたらオオカミさと言う。にわかにオオカミがボクらの味方に思えてきた。そういえば高校時代に一、二度登った奥多摩の雲取山はオオカミを祀っていたっけ。あれは農家の敵、イノシシなどを退治してくれるからだった。じゃあ、ここの野豚も追っ払ってくれないものか。

　クマールたちから野豚のことは繰り返し聞かされていた。でもボクはたかが豚と思っていた。そしてあるとき、近くの村が野豚にやられたという報せが入った。いよいよこの開拓地が狙われる番だ。

28 野豚の襲来

　開拓地を守るボクの陣営はボクとクマール、クリシュナムルティのレギュラーに加えて、村からは、いずれこの開拓地の住人となるマニ、チャンドラッパの二人も加わっていた。マニは片足が小さくねじれていたが、運動神経は抜群だった。町のバス停で物乞いをして暮らしていたが、保護されてこの開拓地住人候補として村に来ていた。チャンドラッパは足は達者だったが片腕を失っていた。この二人がいたのでボクも心強い。

　ボクらは小麦を入れていたブリキの一斗缶二個と貴重な焚き木、棍棒を用意した。陽が暮れかかり、野豚の食事の時間が迫ってきた。彼らは暑い日中は岩陰で昼寝をむさぼり、夕暮れから動き出すらしい。かがり火には貴重な焚き木はふんだんには使えないので、そこそこ貴重ではあるけれど、ゴパルケーキと呼ぶ乾いた牛糞を山のように準備している。そのかがり火は畑を挟んで二か所に用意して、人員配置した。ボクもみんなも緊張が高まってきた。野豚はどんなふうに襲ってくるのだろう。棍棒で戦えるのだろうか。

闇がやってくるよりもだいぶ早く、野豚のブウブウいう鳴き声が聞こえてきた。ボクたちの緊張はピークに達した。かがり火に牛糞と枯草を入れて火を大きくする。ボクは棍棒を握り締めた。この顔ぶれでもっとも頼りにされているのはボクなのだ。

野豚の急所はどこなのか、物知りクマールも知らなかった。

野豚の鳴き声が近づいてきた。けっこう騒がしい。何頭なんだろうか。息を呑むボクらの前に野豚の影が現れてきた。ブウブウ、ブヒブヒ賑やかにやってくる彼らは、たったの二頭……。ともかく敵はやってきたのだ。我が陣営は手はずどおり大声を上げながら一斗缶をガンガン打ち鳴らし、ボクは大声とともに棍棒を振り回して豚たちに突っ込んでいった。

二頭の野豚はブウブウキーキー鳴きながら意外に素早くドコドコと逃げ回る。

声の限り、息の限り追い回してついに野豚軍を彼方に追いやった。緊張のせいもあり、ゼイゼイと肩で息をしておおいに疲れを感じたが、これで終わりではない。ボクらは集まり、戦果を誇りつつ作戦を練り直した。

夕暮れの決闘・野豚の巻

その結果、あの二頭は本隊の偵察隊であるらしいということになった。釈然としないのは、ボクの常識からいえば敵陣を偵察するものは抜き足差し足でなければならないことだ。それなのにあの二頭は、人声でおしゃべりしながらやってきた。野豚族の風習なんだろうか。

ともかくその夜は、半ば不寝番のようにして見張ったが、見事な撃退のせいか、本隊はやってこなかった。めでたしめでたし。

29
万里の長城建設

ところがそれで終わりとはならなかった。この開拓地は野豚族に対してあまりにも無防備だったのだ。クマールはまじめな顔をして、この開拓地をぐるっと取り囲む石の砦を造らなければと言う。もうすでに井戸掘りや小屋作り、畑の開墾で骨の軋むような思いをしてきたボクはこの一言の重みというか、ヤバさに体がつい伸びてしまった。

こうして始まった石組みの野豚除けの鉄壁の城塞は実際の高さは一メートル程度だったが延々数百メートル以上、それこそ骨がミシミシ音を立てるような作業だった。あまりにつらい作業だったのでどのくらいの期間、石と格闘していたの

畑を守る石垣

か記憶にすらない。

ただ、石を運んでいたときに数回ほど野豚を見かけた。汗まみれで正常な判断力を失っていたそのときのボクは、ただ本能だけがシャカシャカと働き、野豚の子どもであるウリボウを捕まえて食うことだけに心を奪われてしまった。たとえウリボウを手に入れてもこの開拓地は清浄なベジタリアンの土地。肉を捌《さば》くことも焼くこともできはしないのだが。

でも餓鬼と化していたボクは手ごろな石ころを手に持てるだけ持ち、じっとウリボウの通るのを待った。彼らは一定の距離を保っていたため、石を投げても当たらない。そこでボクは匍匐前進、飢えた紀元前の狩人のように射程距離まで彼らに近づき、狙いを澄まして石を投げた。一回、二回、貴重なチャンスを幾度、コントロールの定まらない石を投げたことか。ウリボウはボクの妄想の中でおいしく丸焼けとなって目の前に浮かんでは消えた。

ウリボウを食べる夢

30 車がやって来た

この開拓地にもさまざまな障がいを持ちつつも元気いっぱいな仲間たちが増えてきた。きつい仕事ばかりでなく、まだ幼い子どもたちと遊ぶ時間も持てるようになってきた。

そんなあるとき、突然車がやってきた。正真正銘、本物の自動車だ。トヨタでもホンダでもなくインド国産車のアンバサダーである。インドは頑固一徹、同種同型のアンバサダーをひたすら作り、文字通り、大使の乗る車もタクシーもアンバサダーだ。しかし、この土地に来てからというもの、自動車をまったく見ない日々だったので驚いてしまった。舗装道路などなくとも車は走るのだった。

乗っていたのはマドラスの領事館でボクの噂を聞いた初老の商社マンの日本人で、領事からの土産も携え、数日の休暇を使ってわざわざボクに会いにこの道のりをやってきたのだった。思いがけず、山のような菓子と文房具をプレゼントしてもらって、みんなは大喜び。でも、日本を紹介する領事館の一六ミリ映像はあいにく、電気のないこの土地では見ることができなかった。

思えばボクは、このインドよりは多少、文明の進んでいる？一九七二年の日本からやってきたのだった。まぁ、車やテレビなどが普及していて、停電もないという程度の話で、まだ、一ドル／三六〇円の固定相場制だったし、成田空港もできていなかった。

一方、インドは長大な歴史と文明を誇りつつも、大都市は他国では有り得ないほどに混沌としていたし、一歩郊外に出れば文化文明のしるしである家電品もなく、いや、電気すらなく、紀元前のような営みが当たり前だった。もっともこういう見方は日本や欧米のモノサシに沿った言い方だ。ともかく、ボクは日本という国からきたひとつの証明となるカメラも持たず、ただの若い男としてここにいる。カメラは持ってくればよかった……。ここでは自分の写真など一生持つことのない人が当たり前だから。

でも、そうだ！　ボクは車を運転できるんだ！　いつも「アッパー、アッパー」と、ピョンピョン跳ねながらまとわりつくチビの片足スッピに「ボクはあの車を運転できるんだよ」と言うと信じない。

ところで、この車の運転をしてきたのはでっぷり太ったインド人の運転手。

さっそくデブの運ちゃんに「ちょっと運転させてよ」と声をかけたが、彼は目をむいてこちらをにらみ、「NO！」と英語で言った。

「ボクは運転できるんだよ。国際免許証は持ってないけど日本では運転免許もあるし」と言ったのだが、運ちゃんはまったく聞く耳持たず。商社マン氏が間をとりなしてボクに運転させるように言ってくれたのだが、それでも太った運転手氏は自分の牙城を取り壊されるかのように頑としてキーを渡してくれない。

ボクは子どもじみた思いに押されて、みんなにこの車を運転できることを見せたかったし、クマールたちをボクの運転で乗せたかった。

運転手氏がそれほどにボクをはねつけたのは、インド社会で自動車という伝統的に支配階級が独占してきた希少な乗り物を管理するプライドの強さゆえである。当時の南インドの農村地帯では自動車自体が数も少ないうえ、運転手はプライドがやたら高く、居丈高な運転手が珍しくなかった。日本では車は誰でも運転するし、どの家にもテレビや洗濯機などはあるんだよ、というボクの声はついに証明するチャンスを得られなかった。

内心、肩を落とすボクをよそに、菓子などを貰えた子どもたちは大騒ぎだ。まぁ、それでもいいか。

第1部
アッパーのアジア奮闘記

第5話 インド牛「エットウ」の巻

――一九七三年

31

インドの雄牛エットウ

この開拓地で特記すべき働き者がいた。それはカルナータカ州政府から譲渡された大型のインド牛だ。

カンナダ（カルナータカ）語で「エットウ」と呼ぶ。それまでクマールの自家用牛車牽きだった小さな白牛がいたのだが、畑の開墾などや大きな荷を運ぶには使えなかった。ところが新しく来たインド牛は横に立つと威圧感を感じるほどに背が高いし、力がある。角の見事さは見惚れるほど。ちょうど、アフリカ象の象牙のようだった。

ボクらが建てた小屋は八メートル×五メートルの土作りの一部屋きりなので、夜はボクらヒト族のほかに、小型の白牛、そして二頭のエットウも一緒に寝た。仕切りもつなぎロープもない。

牛で開墾

インド人が自慢するだけあって、このインド牛はとても頭がいい。夜は前足や後ろ足をマクラにボクが眠っても静かにしているし、畑でボクが仕事をしていると、そーっと後から近づいてきて、そのピンと尖ったドでかい角の先でシャツをひっかけて驚かしたりする。

ボクたちはその二頭のエットウに名前をつけた。

「チャンガルー（コソ泥の意）」……祭りのときだけ食べるチャパティを作る大事な小麦粉をすべて彼に食べられてしまい、ボクらはラーギー（ヒエ）という雑穀の粉を練って茹でた団子をつねに食っていた。

「ソーマーリー（怠け者の意）」……二頭立ての大型牛車を牽いたり、畑を鍬（すき）で耕したりするときにちょくちょくストライキを起こして餌をねだった。

牛枕

その後、数か月してさらに仲間が増えた。水牛の親子である。とてものん気な面構えでボクは「ワンラヤモカ（お人好し顔）」と名付けた。この水牛ママを枕に寝ようとしたら、クマールたちがあわてて止めに来た。頭のいいインド牛と違って、ワンラヤモカの水牛の脳みそは小さいので、夜中に構わず踏んづけてくるという。こんなカバかサイのようなやつに踏まれたら大ごとだ。それに、我が家も一気に牛の臭いが充満することになった。糞はともかく、滝のような小便の臭いは甘酸っぱいアンモニア臭で少々、慣れがたい。つないでいないエットウたちは小便も外でするからいいのだが、水牛は予測のできない洪水を引き起こす。ワンラヤモカは小屋の外につないで眠ることにした。

でも、水牛ママのミルクは日本で飲んでいた牛乳よりもぐっと脂肪分が多くて旨い。おかげでベジタリアン生活のなかで唯一の動物性タンパクや脂肪が得られるようになった。

32 満月の旅

エットウたちのおかげでボクらの開拓地はグンと便利になった。自動車などは見ることもない土地で、すべての荷は人間か牛車で運ぶしかない。足が萎えているために自分で遠くまで移動することができないクマールにとっては、牛車が自家用車だ。クリシュナムルティに言って白牛に荷車を装備し、頻繁に近くの村に細々した用事を済ませに行っていた。でもクマールとクルシュナムルティは大荷物を運ぶ力仕事はできない。冬を前に、ボクらの主食であるラーギー（ヒエ）と、エット

エットウと子どもたち

ウたちの餌となる雑穀・藁を仕入れておかなければならない。クマールからの相談を受けたボクは、初めてのエットウ牛車での長旅に出ることにした。長距離を大荷物で帰ってくるためにはできるだけ身軽な方がいい。そこでボクが一人で行くことにしたのだ。

次の満月を選んで、さっそく三〇キロ離れた村までヒエの粉と、藁を買いに出かけた。昼間の暑い太陽を避けて、満月の夜に牛車はノロノロと進んだ。熱を持たない夜の太陽が青い世界を作り出し、世界は時間が止まったような独特の涼しさが支配していた。

月光は、遥かな果てまでも青白く照らして、岩山や木々の黒々した影をそこかしこに配置して幻想的な風景をつくる。エットウたちの白い背中は眩しいほどに月光を反射して光った。トボトボとボクらは進むが、あまりに広大な風景の中なので、進んでいる実感がまったくない。ボクは単調な揺りかごに揺られて眠気もあり、これは夢なんじゃないかと思ったりもした。

でも、いつしか地平線が薄く光りはじめ、その光がグングン強くなって朝日が顔を出してきた。じりじりと気温が高くなる頃、ボクは大きな岩山の日陰にエットウたちを誘導して、手綱を解き夕

月光の旅

方まで休ませた。

33 牛車の操縦法　牛糞の家

牛車には舟の先のように出っ張った部分があり、そこに座って両手をナナメ前に出すと、両側の牛の尻を触ることになる。手綱のほかに牛を操るのにはここが大事だ。右に曲がりたければ左のエットウの肛門を手でくすぐると彼は早足になって車は右に曲がっていく。牛のお尻はキタナクない。シッポがひょこっと上がるとボクはさっと手をそえる。次の瞬間、エットウの尻の穴からモコモコとウンコが出てくるので、こぼさないように手で受け、大切に傍らに積んでおく。これがボクらの大事な炊事の燃料になってくれるのだ。ゲンコツ大のウンコを土壁にぺたっと貼りつけて、手のひらでギュッと押しつけると、平たいゴパルケーキ（ウンコのパイだとボクらは笑って呼んだ）の出来上がり。乾いたあとはよく燃える。毎日曜にはバケツにウンコと水と土を入れてよくかき回し、小屋の壁と床を手を使って塗りたくる。日曜日ごとに蘇るさわやかな白いフエルト状の室内がとても心地よかった。

ボクは今もニッポンの牛舎に入るといい香りだなと思ってしまう。ただ、ニッポンの牛のウンコは発酵餌のせいで強い酸味がある。これさえなければホントにいい匂いなのだが。

話を戻そう。満月の旅をして、ヒエと藁を買い付けに来た村では教えられた家を訪ねたのだが、おいしい食事のご馳走はいただけたものの、家の中に入れてもらうことはできず、夜も軒下でエットウたちと一緒にゴザで寝た。これは当時のインドの田舎では当たり前で、ボクは異教徒のためにアンタッチャブル（不可触賤民＝カースト制度最下層の人々）に分類されて、けがれた身だったのだ。そのために家に入れてもらえなかった。女性でも生理のときは家から出され、玄関前のたたきで日を過ごす。伝統的な宗教社会では浄、不浄の観念は驚くほど強い。

34 重荷の帰り旅

さて、牛車で行く満月の旅の帰路は、ヒエの袋の上に三メートル以上も高く藁を積んで小山のような荷となった。もちろんボクにはこんな高く荷を積める技術もない。村人たちが手馴れていて、ボクたちの主食となるヒエの入った袋の上にいかにも危なっかしい高さまで、藁を巧みに積み上げる。これはこれで感心するほどだったが、いざ、重い荷を積んでの帰路はエットウたちには過酷だった。エットウたちは往路とは打って変わって一歩一歩が重そうだった。

一日の終わり（といっても朝のことだが）には口から泡を吹くほどにへばっていた。しかも開拓地に近づくにつれ上り坂が現れてくる。ボクが馴れていなかったこともあるだろう。ハードな道のりがたたって、ボクらの開拓地を目前にした急坂でついにエットウたちがダウンしてしまった。汗みどろで口から泡を吹く彼らを励ましながら、大声で激励したが、どうにも重い牛車は動かなかった。ボクもへとへとになり、座り込んでしまった。ボクにとっても初めての大仕事だった。それがあと少しで頓挫してしまった。なんとかできないものだろうか。でもエットウたちのすさまじく疲れた姿を見ると、これ以上過酷な要求はできなかった。

夜がしらじらと明け、ボクは荷を半分降ろしてエットウたちを立ち上がらせ、そこから往復して荷を運ぶことにした。力強さが売り物の彼らは少しスマナそうにボクを見た。ボクもムリをやらせてスマナイとわびた。

この事件はのどかなこの地方で、口電波（くちこみ）であっという間に広まったようだった。あまり人に会うことがない開拓地での生活だったが、たまに開かれる村の市では、見知らぬ人からも「エットウの旅は懲りたかい？」とか、「もっと日にちをかけてゆっくり行けばいいんだよ」とか声をかけてきた。デカン高原南端の開拓暮らし。いい暮らしだった。エットウたちはその後、ボクと親密感をより高めたのか、あるいはナメたのか。角を使ったイタズラは大幅に増えた。

エットウのいたずら

さて、ここで掲載した写真はすべて、この開拓地を離れて五年後に再訪した際のものだ。文中の出来事はすべてボクの初インド暮らしの顚末を描いていて、当時はカメラも文化的道具も日本出国時からまったく持っていかなかった。

ちなみに、エットウたちは五年後もいた。少々、おとなしくなっていたがまだ現役の開拓者だった。ボクを覚えていたかどうか。相変わらずフレンドリーだったが、彼らは大人の牛になっていた。

第1部

アッパーのアジア奮闘記

第6話 インドを離れるの巻

——一九七四年

35

平和部隊がスパイだった

そんな日が来るとは思いもしなかった。ボクは南インドの巨石が点在したこの高原地帯が大好きだった。静かな岩砂漠の開拓地でずっと暮らしていくつもりだった。この辺境の地から猥雑でカオスを具現化したようなマドラス（現・チェンナイ）まで行かねばならない三か月ごとのビザ更新だって、強く希望していればそのうちインド永住に切り替えられると思っていた。

ある日、カウラギ氏がやってきてよもやま話をひとしきりした後、ボクに「ちょっと」と言ってみんなから離れた場所に誘われた。

彼が言うには、インド政府が海外から来たボランティアたちを強制出国させる措置をとるとのことだった。発端は、アメリカの平和部隊がインド国内でスパイ活動をしていたことがばれて、一斉に国外退去させられた事件だった。

平和部隊はケネディ大統領が就任直後の一九六一年に発足させた鳴り物入りの国際協力事業&青少年育成事業で、当時、第三世界では主流だった反米思想を親米に恭順させる狙いもあったらしい。冷戦真っ盛りの時代、一方の主役だったアメリカではどんなことだって政治的に利用しただろうし、平和部隊の純情な若者が指示通りに派遣国のさまざまな情報をアメリカ本国に送ることは当然だったろう。

どんな事件が具体的な〝スパイ事件〟だったのかは知らないが、ともかく平和部隊はインドだけじゃなく、アジアや南米各国から白眼視されて、あるいは退去させられた。

非同盟主義だったインドは当時、与党国民会議派がソ連寄りの政策をとっていたので、反米感情はインテリ層には強かった。カウラギ氏もこの地域では有名なインテリだ。

でも、インドのインテリは屈折しているのか、二百年にわたって過酷に統治してきたイギリスへの反感を口にしながらインテリのお客があるとカンナダ語の会話からヒンドゥー語になるかと思いきや、英語に切り替わるのが常で、この国のインテリは英語をしゃべりたがった。もちろん、カウラギ氏はボクには一切英語は使わない。土地の言葉を使って暮らしなさいという意図と思っていたが、もしかしたら、ぼくをインテリだとは思っていなかったのかもしれない。

ともかく、インド政府は平和部隊にとどまらず、世界各国の政府や海外NGO派遣のボランティアも退去させるらしい。

新聞も読まなければテレビやラジオもない情報ゼロの地で暮らしているボクは、そんな国際政治の動きなんて知るわけもない。カウラギ氏の話を人ごとのように聞いていた。だって、ボクはそういったボランティアと呼ばれる種族ではなく、たまたまこの地に一宿一飯の世話になって暮らしているだけだと思っていたからだ。

しかし、事態は思わぬ展開になっていった。

海外からの組織的なボランティアが退去させられることになるという話から、しばらく経つと、日本の青年海外協力隊も退去という話が聞こえてきた。

彼らとはマドラスの領事の仲介でビザ更新のたびにボクを囲んで会食をするのが恒例だった。当時、南インドには一二人の協力隊員がいたのだが、なかなかにそれぞれ悩みを抱えていて、トラブルを起こす隊員もいた。ボクのような個人で何のつてもバックもなくやってきて、しかも陸の孤島のような環境で開拓をしているのは、おおいに同世代の隊員たちを発奮させるということでこうした会食が持たれたのだった。あるときは、その隊員たちとディスカッションもやらされた。同世代と言ってもボクが最年少。しかも相手は少々、モチベーションに欠けた者たち。どうしろっていうのだ、人生相談か？　旨いものを食わしてくれる場は大歓迎だったが、彼らとの懇談はどうも楽しめなかった。

今度の事件はこの隊員たちにどんな影響をもたらすのだろう（後日談では、彼らは任期いっぱい駐在でき、一九七八年に完全退去になったという）。

36 インドを離れる

各国からインドに政府派遣やＮＧＯ派遣で来ていたボランティアたちが次々、帰国させられると、最後はボクのような個人ボランティアが退去の対象になった。アメリカの平和部隊の事件が回り回ってボクのような一個人の運命を左右してしまうなんて。

カウラギ氏があれこれ手を尽くして、開拓地に障がい児の村を作るプロジェクトの本部となっているこの村の有力者である郵便局長氏を動かしてくれた。郵便局長はじめ、僧侶、会計役など村の有力者の連名で州政府に嘆願書を書いてくれた。でも、ボクには日本の青年海外協力隊のような政府を動かすほどの政治力を持ったバックはいない。インドを去る期日が決まった。

カウラギ氏もボクもなすすべがなかった。ボクは深い悲しみに覆われていった。

「ベージャール」。カンナダ語で「むなしい」とか「心が痛い」といった意味だが、この数週間のボクはまさに「ベージャール」。ため息交じりで口をつく。

出国の期日から逆算してあまり余裕がなくなったある日。ボクはクマールたちと暮らした開拓地から、岩山の村に戻ってきていた。ここにある「カルナグルハ＝希望の家」には開拓地まで来ることができない障がいを持った子どもたちや、カウラギ氏が営む保育所や寡婦などの識字学級、印刷所などの事業スタッフとして働くメンバーなどが一緒に寝起きしている。

ボクにいつもじゃれついてくる年少の子どもたちとたっぷり遊んだ。この子らはボクにとてもよく懐いている。そして、子どもたちのリーダー役の利発なラチャーパとしばらく話をした。彼は十八歳。膝関節が後ろじゃなく前に曲がる障がいで、まるで四足動物のように手を使って歩くが、運動能力は素晴らしく、知能も高かった。ボクがこの村にいるときはいつもそばにいて、まるで弟のような存在だった。彼は日本の話を聞くのが大好きだった。眼を細めてうっとりと聞き入る。夕焼けに照らされる彼の顔は幸せな思いを宿していた。

　ボクは子どもたちと汗をかくぐらい思い切り遊んでから、夕方の瞑想をし、カウラギ氏の家族と共に簡単な夕食をゆっくり食べた。食後のランプのわずかな灯りで語らう楽しいおしゃべりをしてから、子どもたちが寝るカルナグルハに行って、ラチャーパと一緒に子どもたちを寝かしつけた。ボク自身はちっとも眠くなかった。カウラギ氏やギリジャンマにおやすみを言い、自分のベッドに戻ってから、一つ一つ確かめるように荷物をまとめた。

　もともとたいした荷物を持っていなかったが、日本を出るときに持ってきたものはすでにいろいろあげてしまい、わずかな品しか残っていなかった。ここまで使っていた日本製の寝袋は中綿が寄ってしまって凸凹状態。それも置いていくので、ザックは半分も中身が入っていない。

　深夜になる頃、ふたたび、子どもたちの寝る小屋に行き、外の月明かりで一人ずつの顔をじっくりと見て歩いた。ここの暮らしでボクは野生動物のようにすっかり夜目が利くようになっていた。ボクは散々世話になったカウラギ氏にも夫人であるギリジャンマにも、そしてクマールやクリシュナムルティ、ラチャーパたちにも別れを告げなかった。

　静かに外に出ると、ザックを背負って村の小道を歩き始めた。ときどき徘徊している犬が出てくるが、この村に来た当時と違って今のボクには吠えない。石畳を行くと古代の神殿の大きな石の門が現れ、そこを通って岩山を下っていった。涙があふれ出し、月明かりの階段道をぼやけさせた。生まれ落ちてから、このときがもっとも涙を流し続けただろう。明け方になり、すでに村から遠く離れた道で見知った村人とすれ違い、声をかけられたが返事ができなかった。

そしてボクはバスに乗り、鉄道を乗り継ぎ、カルカッタにたどり着いてバンコック行きの飛行機に乗った。南部のカルナータカ州を出るとインド国内でもカンナダ語はほとんど通じないのに、すでに英語が口から出てこなかった。ボクはカルカッタまでずっとカンナダ語で通した。幾日か掛けた旅だったが、不思議なことにこの間の記憶がすっぽり抜けている。

ボクの初海外生活。偶然か必然か、想像すらしなかったインド辺境の開拓記が終わった。

第1部

アッパーのアジア奮闘記

第7話 カンボジア難民キャンプの巻

――一九七九〜八一年

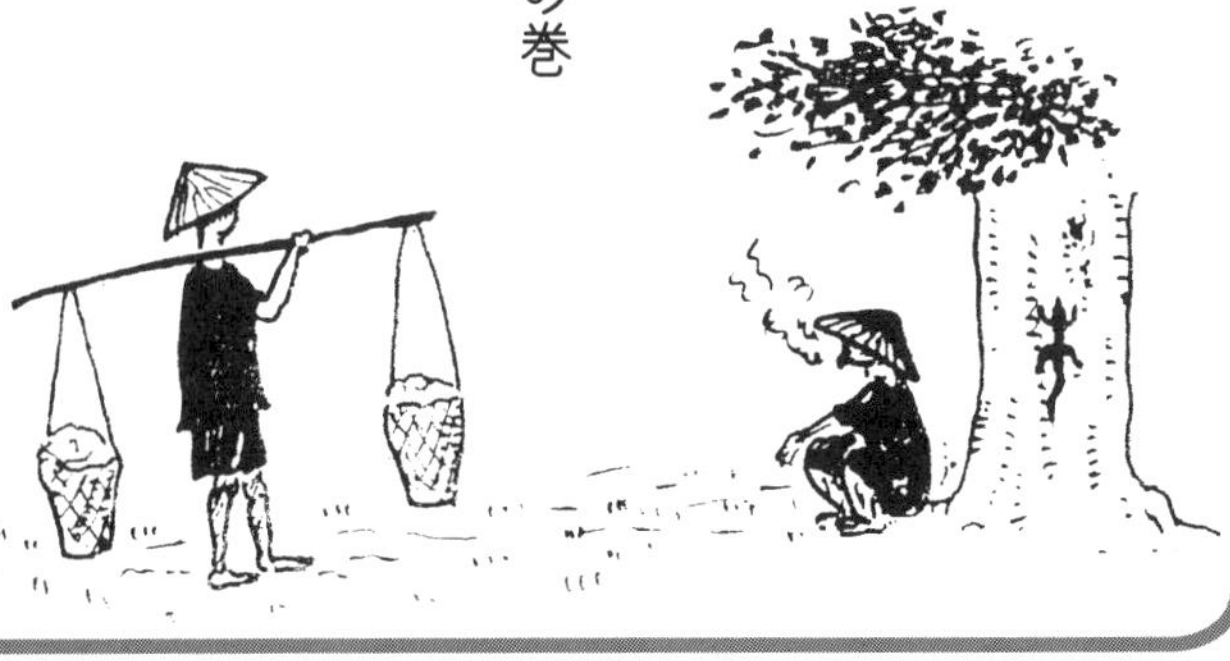

タイの田舎

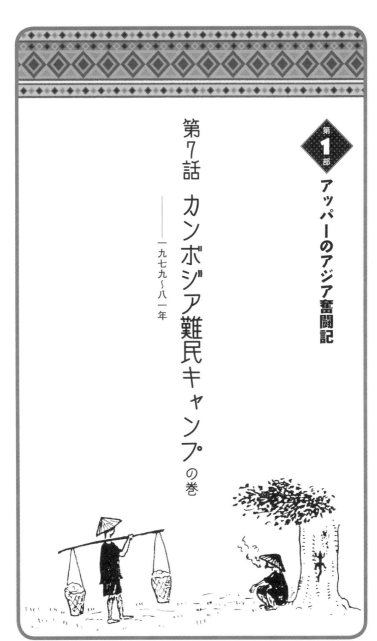

37 難民キャンプで働く

一九八〇年春。日本ではサクラに浮かれる季節、タイのカンボジア国境の町、アランヤプラテートでは四〇度を超える猛烈な暑さが襲っていた。

この地方独特の高床式の古い民家を一軒借り切って一人暮らしをしていたボクは、文句の付けようもない圧倒的な暑さに防衛線を巡らして対処していた。

オンボロと言えなくもない隙間だらけの板張り民家だ。高床の板敷きの部屋に水を撒き、タライには水を張って足を漬ける。水といってもぬるま湯状態。それでもこうしていると、なんとか机に向かってタイプライターを打っていられた。今はこの地の真夏なのだ。

ときどきやってくるスコールは天の恵み。屋根のふちにグルリと付けられた雨どいは、長く太いホースにつながっていて、スコールの雨はこのホースから勢いよくほとばしり出る。それを部屋の四隅に置いてある大きな水がめに走りながらタプタプに満たしていく。もちろん、部屋中水浸しだが、心配ない。床は隙間だらけで地面から高いし、あっという間に乾いてしまう。そもそも家具なんて気の利いたものはありはしない。

持参した衣類も着替えは二着だけのインド式。とっかえひっかえ洗濯するか着るかだ。ある朝、柱の釘に吊るしたジーンズを履くと何やら異物感。足を中途半端に突っ込んだまま振ってみたら、サソリが落ちてきた。似たようなことはアフガンのカブールの安宿で靴を履いたときにもサソリが出てきたっけ。いずれもアジアや中東の民家や安宿はこうした輩に対して無防備だ。

一九七九年にシルクロードの旅から帰ってきたボクは、インドやネパール、タイなどでカンボジアでの内戦の噂を耳にしていた。それは日本政府がアメリカに同調して支援していたポルポト政権が、実は鎖国した国内で自国民を大虐殺しているという噂だった。これまでも我が政府は市民的な常識などそっちのけで、国際貢献だの外交的配慮だの、戦略的判断だの言い繕っては情けない行動を桁外れの援助金付きでやらかすのが常習だったが、このポルポト支援というのは日本人としてもことさら情けなかった。案の定、カンボジアではベトナムに散々ちょっかいを出していたポルポト軍がついにベトナム軍に追われて、そのあげく、ポルポト軍の歴史的な犯罪が明るみに出て世界中に知られてしまった。信じがたいことだが、二〇〇万人もの自国民を虐殺していたのだった。[※3]

カンボジアではこのときもこの後も〝敵の敵は味方〟というわけのわからない無節操な野合、敵対が幾重にも入り組んだまま、内戦はさらに激しくなっていた。タイ国境には数十万の戦火を逃れた難民がひしめいていた。この国境の町アランヤプラテートにも銃声は日常茶飯事。すでに正規軍というよりも山賊化したポルポト軍や反ベトナム連合の敗残兵による押し込み武装強盗で殺されるという外国人のボランティアが幾人も出ていて、その中には日本人もいた。戦場下の十字路のような町というのはこんな雰囲気を昔から変わらず持っている。

いつどこで殺されても身元不明なんてことにならないように、ボクたち外国人のボランティアは、混乱し、カオスのような難民キャンプのUNHCR(国連難民高等弁務官事務所)窓口だけじゃなく、タイ軍の難民管轄タスクフォース(特別編成組織)にも登録していた。ここから通行路や緊急時の避難路などの情報を折々、入手していた。

タイ軍と言っても実は当てにならない。タイはベトナムとの対抗上、嫌いなポルポトと通じており、ポルポトの資金源である採掘宝石の販売ルートにもなっており、これにはタイ軍自身も絡んでいるとのもっぱらの噂だった。腐敗した軍隊という評判どおり、ある時、タイ軍の護衛が付くというリッチな?プロジェクトにボクが関わっていた時に護衛のはずのタイ軍装甲車から、遊び半分なのか急に小銃をぶっ放してボクらを驚かせて大笑いした兵士がいた。その射撃はボクらの車のフロントガラスを割り、危うく射殺されるところだった。今なら外交問題になるところだが、当時はそれが日常茶飯な状況でもあった。

ボクは単身、日本で生まれたての難民救援NGOの一人だけの現地駐在員として乏しい資金をやり繰りしながら、難民キャンプでの活動に専念していた。ボクの仕事は難民の孤児たちを保護し、初期教育が受けられる状況を作ることだ。右も左もわからない戦場の難民キャンプで、孤児の家を作る段取りは少しずつできていった。やがて、日本からの応援スタッフも加わり、一人暮らしも終わるはずだ。

専用車もなかったので、キャンプ地への往復は得意のヒッチハイクでしのいでいたが、この暑さにはまいった。いつも乗せてくれるピックアップトラックのオープンデッキは焼けたフライパンそのもの。素手で触れない。開設したてのカオ・イ・ダン難民キャンプに着く頃には頭は暑熱でフニャフニャになっていてしばらく使いものにもならない。

※3　二〇一五年現在、今なお殺された人の実数は一〇〇〜三〇〇万人各説あり、不明のままだ。

38 デング熱にやられる

この地方では、一年でもっとも暑い季節を迎えていた。劣悪な状況に置かれている難民たちは気温計の上昇に合わせたように熱病、赤痢などでバタバタ倒れていたし、難民とあまり代わり映えのしない環境で仕事している民間の外国人ボランティアたちもデング熱やマラリアにかかっていった。

かつて南インドでデング熱にかかったことのあるボクも、このカンボジア国境で再度、デング熱にかかった。インドでは赤い顔をみんなが囃し立てて面白がり、ボクも〝デング熱〟というのは赤い顔から連想する天狗熱が訛ったのかも、と呑気に思ったりしたが、二度目の今回はそんな余裕もなく、全身の痛みでヒーヒーさせられた。関節の軟骨が炎症を起こすようで、頭から爪先まで痛くて動かせない。眼玉だけ動かしても、その瞬間、眼玉を殴られたように強い痛みが襲う。再発は症状が重くなるらしい。

ボクの経験では通常の日本人の体力ではこうした熱病は大半、発症しない。ボクも南インドの開拓地暮らしの時が人生でもっとも蚊や蚤・シラミに食われたのだが、痒さで頭がおかしくなりそうになりながらも寝込むようなことはなかった。それが徐々に乾季の野菜不足で栄養状態が悪くなり始め、さらに行き過ぎた過労が続いたりして体力を大きく失った時に発病した。

今回は体力にモノを言わせて休息も取らずにフルタイムで動き続け、それに猛烈な炎暑がかぶさって、痒さではなく暑さで頭クラクラ。日本から応援に来たスタッフメンバーが発病し、続いてボクも発症した。「こんなクソ暑い土地では一日五時間くらいの労働と、飯も腹いっぱい食うに限る」とボヤくのだが、後の祭り。全身、目には見えない金縛りで縛り上げられたように痛さで動けなくなり、寝ていても休息にもならない。こうなる前にさっさと休めと、天の声だったのだろう。

39
タイの民家は高床式

デング熱も回復し、連日の難民キャンプ通いが始まった。ふたたび焼けたフライパンであるピックアップトラック荷台のヒッチハイクである。それでも気分は上々、活力満々だったのは、あばら家ながらも我が家の庭先に、閑《のど》かにたわむれる家畜動物たちの姿に心癒されていたからだ。アヒルはガァガァ、鶏はコケッコーと、ほどよい環境音楽である。母さん鶏について歩くヒヨコたちのピヨピヨは日々のキビシー仕事に荒立つ心をほぐしてくれた。

ボクのために家を明け渡し、難民キャンプよりも貧相な掘っ立て小屋を脇に作って移り住んだ大家さん一家が、毎夕、郷土料理を、つまり普通のご飯を用意してくれ、ボクらの失われそうな体力を支えてくれた。暑い季節には超辛い飯が旨い。

　腹ができれば出すものを出さねばいけない。

　ここでは、トイレは水浴び場ともなっていて、一見、洋風っぽいが、実はとてもよくできた仕組みなのだ。家の建屋からそこだけハミ出したように外に飛び出たトイレの壁板は隙間だらけで、周囲が案外よく見える。ということは、外からも中が見えているのだろう。

　地面から一・五メートルほどの高さを持ったトイレの床にはゆるいスロープでコンクリートが打たれている。脇の大がめから水を汲んで尻を洗えば、自分の愛しい分身は洗い水に流され、板の隙間から外に落ちていく。ナントト！　外ではコロコロした豚や鶏が待っていて、極上の?ご馳走を「いただきまーす」と召し上がってくれるのだ。

「食物連鎖……」などとわけのわからぬつぶやきを口にしながら、ボクは用を足すのだった。あの豚と鶏はいつかボクの口に入るのだ。分身は回りまわって御本尊に戻ってくるのである。

食物連鎖

40 ネズミを浴びる

ある時、ボランティア仲間のフランス人の女性が遊びにきた。彼女はボクよりもさらに不自由なところに住んでいて、水浴びすらままならないため、ときどき来ては汗を流していく。ボクの「豚シャワー」でも、羨ましがる者はいるのだ。

うだるような暑さに水を浴びにいった彼女が突如、鋭い悲鳴をあげて飛び出してきた。「強盗?!」その声に驚くボクの前に、スッポンポンで現れた彼女は大声で「Rat ! Rat !!」と喚きながら隣の部屋に飛び込んでしまった。

あわてて水浴び場、兼トイレに走ったボクが見たものは、一匹の哀れなネズミの溺死体だった。雨水を溜めている大がめに落ちて溺れてしまったネズミを、うまい具合に?彼女は桶ですくいとり、自分の頭にかけたのだ。後は述べた通りの出来事である。

いまさらに、あの日の疾風怒濤のような、何が何やらわけのわからぬままあっという間に終わってしまった事態を振り返り、冷静に落ち着いて事実を見極めることが、いかに大切かとため息とともに思い返すほかない。

その後も彼女はたびたびやってきては、汗を流していった。切り替えの早い女性である。

RAT!

41 難民キャンプに井戸を掘る

戦争を始めるやつはしょーもない大人ばかりで、いまさら他人の説教を聞く輩ではない。ボクが難民キャンプにやってきたのは、戦争の一方的な被害者となる幼い子どもたちに対象を絞り、難民キャンプの孤児たちのケアを組織的に行う機関をキャンプ内に作る目的だった。でもその前に、この十数万人の「難民収容所」には赤痢が蔓延している。ときはちょうど炎暑のシーズンを迎えようとしていた。

難民でごった返すキャンプは悪臭と消毒薬の臭いが充満し、衛生状態は劣悪だ。その原因の一つが国連の給水車が運んでくる泥水だった。調べてみると、といっても、偵察するまでもなく公然と、国連の給水車はキャンプ地手前の水牛が押し合いへし合いしているヘドロのような溜まり水を給水車に入れてキャンプに運び込んでいた。

こりゃひどい。この水は臭いよ。急遽、湿地帯の多いこの地方で給水用の井戸をキャンプ地の水源にすべく、ＪＩＣＡ（国際協力事業団＝現・国際協力機構）による日本の井戸掘りチー

こんな水を難民は飲まされる

ムが組まれることになった。孤児の家作りに奮闘していたボクは、一人だけのNGOだったし、自前のチームもいなかったので比較的フリースタンスだった。その結果、この井戸掘りチームを手伝うことになり、孤児の家作りと並行して井戸掘りに明け暮れることになった。

井戸掘り専門家の肥田さんは樺太生まれの豪快な人で、毎夜の酒量と下ネタ話がすごい。ここまで徹底して下ネタを明るく話す人をボクは初めて見て、その後の人間観が変わったかもしれない。肥田さんという天衣無縫、直情径行、豪放磊《らい》落《らく》を地で行く人と共に、緊張感あふれる戦場下の難民キャンプで仕事を始められたのはとてもラッキーだった。

難民キャンプ井戸掘りチーム
(肥田さんとボクと難民のスタッフたち)

第1部 アッパーのアジア奮闘記

第8話 戦争の正体の巻

——一九八〇年

42

兵士にされた子どもたち

キャンプ内と周辺の集落などに数本ずつの井戸を掘り、井戸掘りプロジェクトも終了した。同じ頃、難民キャンプにも孤児たちの保育をする女性たちが揃い、孤児の家となる「希望の家」の準備が着々と進んでいた。数週間忙殺された井戸掘り人夫の仕事を終えたボクは、この孤児たちのプロジェクトの担当者として運営にふたたび忙殺されることになった。

難民キャンプにはかなりの割合で子どもたちがいる。でも、この子らの大半は親のいない孤児ばかり。これはポルポト政権の方針で親子を完ぺきに切り離して、幼い子にすら兵士教育をしたせいである。

ボクたちのプロジェクトが対象としたのは保育を必要と

カオ・イ・ダン難民キャンプ内のボクらの仕事場

する幼児だが、集まったのは文字通りの幼児から、幼さの残る少年まで多彩だった。実際に孤児たちと毎日接する中で、ボク自身が心的にトラウマを抱えるほど悲惨な話がその少年たちによって語られた。

孤児たちの心象風景を知るためにボクは、東京から送られてきていた色鉛筆やクレヨンと画用紙を使って、孤児たちに今、心に浮かんでいる景色を描いてもらった。

ほとんど例外なく、黒い服のポルポト兵や空襲する飛行機、大砲や機銃、小銃で闘う兵士たち、焼かれた家、斃《たお》れた人々の絵だった。仕方がない、この子らは物ごころが付いた頃から戦争の中で育ってきたのだ。

しかも一見、日本の小学校低学年程度に見える子どもたちも、歳を聞くと一〇歳とか一二歳とか言ってくる。横でクメール語の通訳をしてくれるボクの助手役のチョン君に確かめると、たしかにその通りらしい。

成長期に栄養状態が極端に悪かった戦場下の子どもたちは一様に身長が伸びず、日本人よりも二、三歳、人によっては四、五歳も体が小さく幼く見える。だから、〝幼い〟難民を集めてもらったつもりだったが、四、五歳から一〇歳くらいまでと思っていた子どもたちは、実は七、八歳から一二、三歳だった。

ボクたちのプロジェクト用に使わせてもらっているのは竹作りの家。このカオ・イ・ダンキャンプのすべての建屋は大きさの大小はあれ、すべて竹で作られていた。難民はより簡易な仕組みの小屋で屋根はニッパヤシの幅広い葉をドサッと葺いたもの。見るからに原始的な小屋だが、コストも手間も居住性もこれが最善だったのだろう。この暑い地方でビニールシートやテントだと、とても寝られたもんじゃない。

さて、トラックで運ばれた竹の束を大勢の男たちが一本一本縦に半割にして木槌で叩く。すると切り口が半月状だった竹は一枚の細長い板になっていくのだった。その竹板を壁、床材として組み立てていく。こうして大きな長方形の建物が見る見る建っていく。

そんな建物の一つでボクは、竹を平たくして打ち付けた壁に子どもたちが描いた絵をセロテープで貼りつけた。絵を一つずつ指さしながら作画した子に話を聞いた。「兵隊が村の人を一斉に撃った」とか「道端にたくさんの人が死んでいた」とか、「飛行機が爆弾を落としてみんなで逃げた」といった断片的な状況の話を子どもは話す。もう少し、心の内面がうかがえるような話を聞きたいと焦っても、周りの難民の大人たちが無言で「その話はそこまで」といった顔を向けてくる。

キャンプで親しくなった難民たちでも一様に、ポルポト時代（一九七五〜一九七九年）以前の幸せだった頃の話は抵抗なくしてくれるが、ポルポト時代にどんな暮らしだったかとか、家族の消息などの話になると首を振って貝のように口を閉ざしてしまう。その申し合わせたような反応が、つい、昨日までの生々しすぎる残虐な記憶をボクに感じさせる。

43 殺されるのはアウプーック（父さん）

ボクは一枚の絵に目をとめた。みんなと同様、稚拙な描画だけど、いやに磁力のようなものを感じさせる絵だ。

一本の大きな木に人が縛られている。その前には大きな穴があって、中には何人か横たわっている。たぶん、死者だろう。縛られた人はもう一人の人に槍のようなものを突き付けられている。周りには七、八人が立っている。それだけの絵だ。でも、なぜか強い胸騒ぎが起きる。今まさに人が殺されようとしている。

ボクはその絵を描いた子どもに「これは君が自分で見たのかい？」と聞いた。子どもは頷く。「この絵の中に知っている人がいるの？」と聞くと、縛られている人を指さして「アウプーック」と答えた。「父さん?!」ボクはうろたえて反射的に聞き返した。「じゃあ、君はどこにいたの？」すると、その子は縛られている人に槍を突き付けている人を指した。「?!!」ボクはさらに混乱して、同時に背筋が凍りついた。

殺されるのはアウプーック（父さん）

通訳してくれたチョン君がこれ以上、この子からこの話を聞くのはやめようと合図をしてくれた。いったん、このヒヤリングをここで終えて、子どもたちを部屋から出し、ボクはたくさんの疑問ではち切れそうな頭をチョン君に向けて首を幾度も振った。このエピソードはボクには受け止めきれそうもない。

そもそもこのプロジェクトが対象としたのは戦争の一方的な被害者であり弱者である幼い子どもたちであって、その子たちへのケアをカンボジア（クメール）人の保母さんを養成して行う計画だ。でも今、ボクの目の前にいた子は自分の親を殺してきた子だった。

ずいぶん沈黙した後、ふいに窓の外で子どもたちのはしゃぐ声が聞こえた。首を出すと、この部屋から外に出た子どもたちが遊んでいるのだった。キャンプで手に入る廃棄物の医療用の細いビニール管を半分に割いて、それを器用に編み込んだ一メートル位のヒモをみんな手にしている。そのヒモの先はたんこぶが作ってあり、それで小さな丸い石をうまく叩いてコマのように回す遊びだ。さっき、ボクの心を散々に乱した子が無邪気な笑い声をあげている。それを見たとたん、ボクは頭に血が上った。つい今しがた、ボクらに親を殺したと話した子が笑って遊んでいる。その小さな体の子どもに冷酷な心が宿っているような気がしたのだ。それを傍らのチョン君に話した。いつもはおとなしいチョン君がきつい目つきになってボクに怒る様な強い調子で言い返してきた。

「ヒロセ。君は何も見ていないよ。あの子たちは戦争で小さなときから捕まり、兵隊にさせられたんだよ。子どもがやる遊びも楽しいことも何も知らない。泥だらけで戦争してきたんだよ。今やっと、このキャンプで心、解放されたよ。今、この子、遊んでいるのは、なかった子どもの時代を作っているんだよ。遊んで笑って、人間に戻るんだよ！」と、たどたどしくも一気に言ってきた。

ボクはバシン！と張り倒されたような気がして、子どもたちを見た。

たしかに今、この子たちはこんな劣悪な環境でも、戦場ではない場所にいることに心底、安心し始めているのだ。失われた子ども時代を遊ぶことで、笑うことで取り戻しているのだった。

ポルポト軍に強制連行されて洗脳教育を受けた子どもたちの中には、村や町から連行された直後からずうっと切り離されて会えることのなかった親とあるとき再会させられ、なんと、その親を自らの手で処刑することすらやらされた子がいたのだ。悪魔の洗脳教育の総仕上げ。絵に描かれた、この親子を取り囲む七、八名の兵士たち。黒いポルポト兵はそのほとんどが少年だったことが知られている。子どもが子どもを兵士にするための〝最終テスト〟でいかに無感情に残虐行為ができるか試したのか。

この子たちは人間なら誰でも通過してきた子ども時代を完全に奪われてきた。そして今、敗走した軍から逃れ、キャンプにやってきて、ボクの目の前にいる。ここで失われた子ども時代に戻ろうとしている姿があった。

44

ボクの助手は死線を超えてきた

チョン君はプノンペンの都市住民出身。でもポルポト軍はプノンペンを制圧した後、文字の読み書きのできない農民だけを残してすべて、教師や医師、工員や公務員、商店主など知識や教養、技術を持つものをほとんど虐殺した。人工的に新しい計画国家を作るために、この国の伝統や文化を完ぺきに抹殺する狙いだったらしい。チョン君の両親も強制労働で死に、彼は弟二人と文字が読めない振りをして必死に生き延び、ベトナム軍の攻勢でポルポト軍が敗走したすきにタイ国境に逃げてきたのだった。

とても物静かで柳腰の細い青年がそんな死線を超えてきたとはにわかに信じられなかったが、実はこの難民キャンプの人々はすべて虐殺を生き延びたか、虐殺した側の人間たちだった。一九七〇年代後半の人口の三〇パーセントもの人々が死んだ（殺された）カンボジアの悲劇と無関係な人は誰もいなかった。

そんな彼はこの場でもっとも信頼できる話が交わせる相手だった。怪しいタイ語とちょっぴりのクメール語を臆面もなく操るボクと、英語、タイ語、そして日本語のちゃんぽんでやり取りしていたはずなのに、つねにノートを取り続けていたと思うと、いつの間にかほとんどの会話を日本語で話していた。もともと、プノンペン時代に日本人に日本語を教わっ

勉強熱心なチョン君

たそうだ。でもこれほど早く支障のない日本語を話せるようになるとは。

井戸掘り作業以来、チョン君はボクの助手を務めてくれていたが、もちろん、ボクの相手だけをしていたのではない。ボクと知り合う少し前から、日本政府の難民救援のプロジェクトの計画立案で関係者がキャンプに出入りし始めていたが、チョン君はそうした日本人の難民キャンプ内での助手役を志願してきていた。井戸掘り作業の後、NGO活動に復帰し、さらにボクが、日本政府のプロジェクトの担当者になって、ややこしいやり取りを国際機関相手にやる仕事を始めたときには、すでに流ちょうに日本語を話すようになっていて、ボクの仕事をとても支えてくれた。

彼はボクの帰国とほぼ同時期に日本にやってきて難民認定を受け、日本で暮らせるようになった。今は美しい奥さんと子どもたちに囲まれて、日本に帰化し一生懸命働いている。こんな青年を日本はどんどん受け入れるべきだ。

45 立ち上げをしたNGOを降りる

難民キャンプに孤児の施設と保育所を作るために志願して集まってきたクメール人の保母さん候補たちと仕事の進め方について幾日も話し合った。

この女性たちは自分の子をポルポトに奪われてしまったか、殺されてしまった人ばかり。でもそんな辛い体験を持っているとは思えないほど静かで控えめな人たちだった。

一九七九年末に、ある女性が東京で難民を支援するための組織づくりを呼びかけた。ボクと数人がその呼びかけに応じて、その女性を代表にしたNGOが一九八〇年の早春に結成された。そのNGOからの最初の単身派遣となったボクが、ここでやらねばならないことは、基本調査と今後の活動の基盤づくりをすることだった。このNGOの代表氏は幼児教育で世界的に評価されているモンテッソーリの研究者でもあり、とても有能な女性だ。そして、先発のボクを派遣してくれた財政的な支えは日本国内のミッション系大学の学内の団体。我らがNGOの目標は、戦火がやまぬ劣悪な環境で放置されているクメールの孤児、幼児たちに適切な保育や教育を受けられる機会を提供することだ。その手法としてモンテッソーリの教育法を適用した育児や教育を行う予定だった。教材も大量に送られてきていた。モンテッソーリは教材教育でもある。

でもボクはそもそもその教育法の門外漢。ボクの仕事は、モンテッソーリの教育法を指導する派遣員たちや難民キャンプ内の保母さんたちが安心して仕事を始められる体制づくりだ。

一方、難民キャンプのプロジェクトにさまざまなルートで集まってきたクメールの子どもの幾人かはかつてポルポトの少年兵士だった。彼らを目の前にして保母役のクメール人女性たちと幾度も話し合ううちに、ボク自身、クメールの子どもは戦争によって失われたクメールの伝統的な育児、教育を通してクメール文化を復活させ、戦後のカンボジアを作り出していくのが当たり前だと思うようになった。

でも、一方でクメールにはそんな育児法も教育体系もないという意見もある。そもそも、農耕を営む民に体系立った教育法も理念もあろうはずなどないじゃないか、とボクは思う。両親や家族、集落の手伝いをする中で子どもは成長し、自分の役割を学んで社会の一員になっていくのだ。だから、〝教育法〟などという言葉自体がここの社会にはひどく似つかわしくない。

当然のことだが、外部からやってきた人間は自分たちの価値観で彼らを動かすのではなく、彼らの価値観に沿ってそれを支援することが大事だ。足元の石ころでさまざまに遊ぶ彼らを見ているうち、東京から送られてきたきれいに彩色された教材のよく考えられた遊び方（学び方）がなんて不自由なんだろうと思ってしまった。

これはボク（の立場）にとって重大な問題だった。このプロジェクトの帰趨が今のボクの働きで決してしまうのだ。

ボクは自らの疑問も併せて、クメールの保母さんたちの意見を東京の支援団体に分厚い報告書としてテレックスして計画の修正を打診したが、らちが明かない。散々なやり取りの末、ボクは数か月前に自分も加わって立ち上げたＮＧＯとそのプロジェクトから降りることにした。すでに東京からは新たなスタッフも到着していたし、孤児たちの保育をクメールの母さんたちが中心に試行し始めている。彼らを信じるしかない。

ちなみに、プロジェクトを途中降坂したボクはこのＮＧＯと代表氏からは後々までも、裏切り者扱いとなった。仕方ない。身から出た錆だ。

第9話 政府の雇われ人になるの巻

——一九八〇年

46
ＪＩＣＡのコーディネーターとなる

のちに日本の代表的な国際ＮＧＯに成長するＪＶＣ（日本ボランティアセンター、現・日本国際ボランティアセンター）や曹洞宗ボランティア会（現・ＳＶＣ）などもこの時期に難民キャンプにやってきたボランティアの活動から生まれた。

ＪＶＣの成り立ちは当時、バンコックの大使館やＪＩＣＡ関係者、それに商社などで作られている日本人会の中で、駐在員の奥さんなど女性が中心になって難民支援を始めており、その牽引役をＪＩＣＡの地曳隆紀氏と奥方が担っていた。タイに着いた当初のボクは情報収集のために地曳氏と出会って、まだ組織の体もなかったこの女性たちの活動のお手伝いをわずかな期間していた。それが発展して今のＪＶＣに成長していったのだった。ボクが立ち上げメンバーで途中降板したＮＧＯもそうしたひとつ。カンボジア難民キャンプでの支援活動は日本の国際ＮＧＯの揺籃の地だった。

ちょうど、日本政府が各国のメディアなどから「金は出すが人を出さない」と批判的に書かれていた時だった。そんな事情もあって、日本政府も金だけ出しているというわけにはいかなくなり、民間に少し遅れて人材派遣プロジェクトが始まろうとしていた。ところが、そこでボクに目をつけたJICA担当者の「こんな混乱した現場で即戦力で働ける日本人は国内には見当たらない。しかも君は現在、国際浪人じゃないか」という甘言?に釣り上げられて、ボクは急遽、日本政府初の人道派遣第一号のプロジェクト「カンボジア難民救援日本医療チーム緊急派遣事業」担当としてJICAで働くことになった。

ふたたび日本にとって返し、東京は新宿の高層ビルにあるJICA本部で応急の研修やら健診、予防注射やらをさせられてまたタイ・カンボジア国境に送り返された。このとき健診をしてくれた女医がボクの腕に注射針がなかなか刺さらないので「日本人離れした皮膚ね」と言ったのは褒め言葉だったのだろうか。

大きな組織は性に合わなかったが、今の難民キャンプは連日、ゲリラとの戦闘の余波で負傷したり地雷を踏んだりした人が絶えなかった。そのうえ、難民の健康状態はまさに劣悪。そんなこんなで医療を軸とした活動がとても必要だと痛感していた。もちろんボクは医師でも医療関係者でもない。でも、医師が難民キャンプにいきなりやって来ても仕事にはならない。医療関係者がそれなりにでも仕事のできる環境や状態を作り出す人間が必要だ。それが、ボクの仕事、コーディネーター(調整員)だ。こうしたプロジェクトのすべてのチームにはコーディネーターが付いていて、あらゆる縁の下の仕事や調整の仕事を行っている。

すでにICRC(国際赤十字)の一員としてJRC(日本赤十字)も野戦病院を始めていたが、対象となる難民キャンプは国境沿いに数多く、とくに第一号の「サケオキャンプ」や、できたばかりで規模も最大の「カオ・イ・ダンキャンプ」を新たな日本政府チームが担当するということで、ボクもぜひやりたいと強く共感したことが、ボクが初宮仕えに踏み切った動機だ。

なにしろ自分自身、デング熱で寝込んだばかり。戦傷、地雷、感染症などのるつぼとなっている難民キャンプで、生活支援も孤児や幼児の教育も海外移住のための語学学習支援などあらゆる難民支援の活動も、安全と健康が最優先する。

対象となるのは難民のすべてだが、それに加えて、難民とほとんど変わらない生活レベルである国境地帯に点在するタイ国の農民たちへの僻地診療も視野に入れて仕事を始めることになった。

47
現場監督

カンボジア難民救援のNGOを経て、日本政府の雇われ人となったボクは、身分はJICAの専門家。タイ・カンボジア国境で日本の医療チームの活動を下支えするコーディネーターとして働いていた。一九八〇〜一九八一年のことだ。それまで暮らしていた国境近くの古材を集めて作ったような隙間だらけの民家を引き払い、日本政府が新たに建てた「日本メディカルセンター」の運営を担うポジションを務めつつ、併設された地元タイ人の従業員宿舎に暇さえあれば顔を出していた。

事実、ボクはタイ人のドライバー七名、コック二名、洗濯と清掃係三名、そしてタイ軍から派遣されているMP（軍警察）も数名、計十数名の雇用担当者だったし、監督者だった。ちなみに、この日本政府事務所となっている日本メディカルセンターは、仕組み上、日本政府がスポンサーとなり、タイ国の所管だ。だからいずれ、日本人が撤退する際にはこの施設は名実ともにタイ国のクラウン・プリンス・ホスピタルに移管されることになっていた。

片言のタイ語を話す日本人はこのセンターではほとんどおらず、業務の必要上だけじゃなくタイ語の勉強も兼ねて、ボクは彼らのたまり場エリアとなっているタイ人宿舎によく顔を出していた。

でも、ここに顔出ししている理由はもうひとつあった。

このセンターには日本から大学病院チーム、国立病院チーム、済生会など民間チームの三つが、少しずつ期間をずらして三か月ごとに交代するシフトを組んでいた。日本人のドクターやナース、そして事務スタッフたち総勢四〇人前後の日本人チームの食事は基本的に日本食の調理をマスターしたタイ人の調理師が作っていた。なかなか旨かったし、そこらへんの商社マンや外交官が雇っている調理人よりはるかにいい味を出せる女性だった。

毎日毎日、日本食を食べていることは日本では当たり前だろうが、ここはタイの辺境の地。一歩外に出れば、激辛スパイスやパクチョイ、ナンプラー（魚醤）味が充満している土地だ。

旨いタイ料理

そう考えれば不自然な環境だということが一目瞭然ではないか。でも、隣のタイ人宿舎では、つねにこうしたタイの地元料理の香りが漂っていて、ボクの食欲をそそるのだ。それを食わない手はない。

48
昼夜休みなし

日中は難民キャンプと国境警備のタイ軍タスクフォース（特別編成組織）、国連機関やICRC（国際赤十字）、あるいは地元タイのサケオの町にあるクラウン・プリンス・ホスピタルなど医療機関や役場に出入りしているボクも、夜は基本的にこのセンターで寝起きしている。クーラー付きの個室だし、メコンという名の地元のやばいウィスキーも常備している。数か月前までの朴訥な民家暮らしとは雲泥の差。どちらがいいかという話ではない。個人的にはあばら家の民家は苦じゃないし、そこの家族も好きだった。でも、今の仕事はこの居住環境がないと務まらない。個室なんて、さぞかし惰眠をむさぼっているように思われるかもしれないが、むしろ逆で、つねに寝不足気味だった。

ボクはコーディネーターと言う名称の何でも屋なので事件や出来事には最初に対応しなければならない。それは夜昼を問わない。とくにポルポト残党とタイ軍やときにはカンボジア侵攻ベトナム軍との三つ巴の衝突事件は夜間に頻繁に勃発した。

この地区はもっとも地雷密度が高く、敗残兵や避難民などの地雷受傷も毎日のように起きていて、救急病院の機能も持つこのセンターの病棟は傷病患者がしょっちゅう担ぎ込まれてきていた。

コーディネーターという業務は事務員でもなければ、医師でもないので、座って号令を出していれば済む仕事じゃない。それどころか、どこまでが自分の仕事なのかの境界線すらない。大雑把にくくれば、国連チームの一員としてカンボジア国境の長い前線を守備範囲に、我がチームの安全で効果的な活動を実務面で保証する役割だ。対外的には日本政府の現地代表として諸外国チームとの折衝や情報交換、協力関係も欠かせない。それを具体的な作業にしてみると、おびただしい仕事の種類と量になる。なにしろ戦場下の混沌（カオス）が仕事場だ。一寸先の予定も不確かなのだ。どれが好きだとか自分に不向きだとか言っていられない。

49

緊急避難路で危機一髪

日本メディカルセンターでは数台の七〇型トヨタ・ランドクルーザーを主力に、ほかにもワゴン車や救急車などあったが、もっぱらボクは日本チームの国際カラーである空色に塗られたこのランドクルーザー、通称ランクルを使っていた。空色はＵＮ（国連）の色でもあるので、後年の国連ＰＫＯなどもこの色で統一している。それはともかく、ボクは空色のランクルが好きだった。なにしろ、ここの赤茶色一色の大地に似合うじゃないか。外出は一応タイ人ドライバー付きということにはなっていたが、ボクはたいてい自分で運転するし、報告やらミーティングやらで定期的に三〇〇キロ離れたバンコックの大使館に上洛するときも単身の場合が多かった。

日本メディカルセンターはカンボジア国境から六～七〇キロ内陸に位置するサケオ地区にあり、最初の難民キャンプとして作られたサケオキャンプの近くに建設された。

サケオキャンプはポルポトの残党が多く、キャンプ内もポルポト兵が隠然と支配している。数名のコーディネーターの分担で、ボクは主に国境沿いにあるカオ・イ・ダン難民キャンプを担当していた。ここはNGO時代から日々通い続けた場所だし、キャンプが開設されたときから見ているので仕事もしやすい。

コーディネーターの仕事のひとつに、日本の医療チームが派遣されている現場と宿舎（日本メディカルセンター）との間で不測の事態が勃発した際に、緊急避難ルートをつねに確保しておくというものがある。実際にそうした事態は在任中、幾度か発生した。ここは戦場なのだ。


医療チームの通勤ルートは、国道三三号線沿いの我が日本メディカルセンターを朝早く出て、一路東進し、カンボジア国境直前で国境沿いに左折して北上し、カオ・イ・ダン難民キャンプに至る、約九〇分の道のりだ。ところが、国境沿いに北上する道が時として戦場となる。国境といっても森なので、塀もなければ線も引いていない。

昼は一応、タイ軍が制圧していて常時パトロールもあるが、夜間はそれが逆転する。名目上はタイ軍の制圧下でも実際はポルポト兵や反ベトナムの武装ゲリラが自由に暗躍して、無事に通行するのは難しい。事実、夜間の襲撃や戦闘は頻繁に起きていた。

そのために、難民キャンプに〝通勤〟している各国の医療チームも遅くとも夕暮れ、ギリギリでも二〇時頃までにこの国境沿いのルートを通過してアランヤプラテートの国道まで出るのが鉄則だった。

ところがカンボジアやタイ東部では乾季と雨季がくっきりとあって、雨季はじわじわと乾いた大地が低い土地から水没していく。雨季末期の一〇月ともなると見渡す限り、あの赤茶色の大地が、村々の周辺に広がっていた田畑もすべて、広い湖に一変してしまう。

緊急避難路もその都度、変更しなければならない。

ボクは村と村をつなぐ一本の道を心細くそろそろとランクルで走っていた。時速はたぶん一〇キロ以下。ボクのランクルはタイヤの上三分の一が出ている程度の水没状態。道の脇には点々と続く並木があり、ここが道だということを知らせてくれている。

午後も遅くなってきたが、スピードが出せないので気ばかり焦ってしまう。

そのとき、「ガン！」と鈍い音がしてランクルが傾いた。路肩に脱輪してしまったらしい。

大きく傾いたランクルは、いかに四輪駆動といえど、この姿では動いてくれない。手持ちのロープはあるが、それをひっかける木も岩も近くにない。弱った。膝までずぶ濡れであれこれ手を尽くしたが、高くなっている道を外れて田んぼに落ちてしまうとボクも頭まで水没してしまう。疲れ切ったボクは運転席に戻った。

次第に日が暮れてきた。このあたりは武装ゲリラの徘徊しているエリアだ。暗くなると彼らの装甲車がやってくる。もちろん、武装ゲリラに捕まれば無事では済まない。ボクは万事休す、運を天に任せて朝までここで待ち、明るくなってから救援を呼びに行こうと決めた。

それからずいぶん経った二〇時過ぎ。向こうからヘッドライトが近づいてきた。農民はこの時間けっして行動していない。ボクは緊張してそのライトを見つめた。真っ暗な中、強烈なヘッドライトがすぐ目の前まで来て停まり、ライトの中に銃を持った兵士が降りてきた。ボクは目が血走っていたに違いない。

兵士はランクルに向かって「What's happened？（何かあったのか？）」と大声を出した。

タイ軍の武装パトロールだった。

あわや、射殺されるような状況だったんだろう。ボクも銃を構えた兵士も緊迫して大声だった。両手をあげてランクルから出てきたボクをしばしチェックしてから、数名の兵士がワイヤーをランクルにつなぎ、軍用トラックで道の広くなっている場所までそろそろとバックしてくれ、無事、ランクルは自由の身になった。ときはすでにゲリラの支配時間になろうとしていたので、ボクは軍のトラックに先導してもらう形でなんとか、安全な国道エリアまで戻ってくることができた。慣れ切った日々の裏側はこんなに緊迫した事態が潜んでいるのだった。

「What's happened?」

50

未確認飛行物体を見た!

この、路肩脱輪事件のかなり前、まだ雨季に入ったばかりの頃、ボクの緊急避難路パトロールに連れてってと、非番の看護婦が二名同乗したときだった。看護婦も医師もカンボジア難民の救援にやってきたと言っても、宿舎兼救急病院となっている日本メディカルセンターの建物と担当している難民キャンプの日本病棟の中、それに買い物定期便で出る近くのサケオの町以外、ほとんど見ていないと言ってもいい。難民キャンプの中を歩いてみることすらない忙しさだった。他国の医療チームが広大なキャンプ内をあちこち回って気さくに日本病棟にもやってくるような調子では日本チームは動かない。少々可哀想だ。

謹厳実直といえば聞こえはいいが、ルールに縛られ融通が利かない。こういう手合いが非常時にはもっとも危ない。それはともかく、日本チームは〝不測の事態〟を招くなという強い共同意思があるのだ。でもボクはこれが苦手である。一人NGOのときも自由にどこにでも顔を出し、好奇心赴くまま多くの人と出会い、仲良くなってきた。

ところがこのコーディネーターという肩書きになって以来、どうも肩がこる。だからボクは率先して危険な週二回のパトロールをやっているのだった。もちろんこれは後々、タイ人ドライバーの仕事になって日本人のコーディネーターは出ることがなくなったのだった。

さて、看護婦を二名乗せた我がランクルは通勤路の国道ではなく、北にそれて山沿いの地方道を行き、さらに未舗装の森や林の中の道を走った。難民キャンプまで半分ほどの道のり、約一時間走ったあたりで、ピクニックランチというほど洒落てはいないが、遅めの昼飯をとることにして低い木々の脇で車を降りた。

サンドイッチをパクついて他愛のないおしゃべりをしていたときだ。ボクの目の上に缶が浮いている。「あれっ！　缶だ……」と間抜けな声をあげたので三人そろって上を見た。

それはラベルをはがした缶詰のような、あるいは灰色の塗料缶のような物体がゆっくりと頭上を流れていた。缶には何も書いていない。手を伸ばして捕ろうとしたが届かない。どうも周りの木々より高いようだ。距離感と比較物がないので大きささすらわからない。石を投げても当たらない。三人でその缶を追いかけ始めた。ゆっくりだが一定の速さでそれは動いていた。五〇メートルほど追いかけてその缶は森の向こうに去っていってしまった。

「未確認飛行物体……」「ＵＦＯ……」「宇宙人……」口々につぶやいてボクらはポカンとアホ面を並べていた。戦場とはなんでも起こるところらしい。

未確認飛行物体を見た!

51 センセーもやってきた

チームも入れ替わり、超が付くほどの多忙に加えて、夏休みには日本の国会議員たちが与野党問わず〝視察〟に押し寄せてきた。

場所と状況をわきまえ、かつ、おのれの分別も忘れずに持ってきてくれる先生は正直、敬服させられることが多かった。さすがに人格が違う。難民代表たちにはもちろん、タイ政府や国連機関への慰労やヒヤリングのツボもなかなかだった。当然、案内役のボクたちも全力で応対している。

でもなかには、きわめてレアなケースだけどと書いておくが、〝センセー〟のわがまま丸出しで現地の視察もそこそこにバンコックの夜を楽しみにやってくる手合いもいた。大使館の職員たちもうんざりしていたんだろう。ボクのような駆け出しに任されるのはこのようなセンセーだった。ときにはバンコックまで〝ご案内〟させられることもあった。道案内ではない。エスコート役だ。自分でも未体験のそのスジの夜の過ごし方だ。砲弾が舞う難民キャンプよりも緊張する界隈を先輩の大使館員に教わりながらセンセーのエスコートをした。ボクは、けばけばしい界隈でそのスジの取りまとめ役と交渉し、ドアを開けてセンセーを押し込むところまでが精いっぱいの〝宮仕え〟の我慢。「勝手にしやがれ！」むしゃくしゃしながら帰ってきた。

後から思えば、大使館も前線で神経の休まる間もないボクらに〝休暇〟のご褒美をくれたつもりだったんだろうか。日本人の汚さ情けなさを痛感させられたのが国会議員を相手にした時だなんて、やれやれの日本である。

さて、ことほど左様に寝ている暇なんてないだろう、という話になるのだ。現に、ボクはつねに眠かった。一～二時間確保すると、さっと部屋に戻り、現地の農民たちがよく呑むメコンという名の怪しいウィスキーをあおって眠るのだった。当時、メコンはメチルアルコールが使われていて、飲み過ぎると失明するかもと言われていた。真偽のほどはわからないがさほど量を呑まないのに、ボクは生まれて初めて肝臓の数値が悪くなったりした。こいつは妙にセメダイン臭のする甘ったるい酒で、けっして旨いとは言えず飲み過ぎることがないという、ありがたくも哀しい酒なのであった。

第1部 アッパーのアジア奮闘記

第10話 虫喰う暮らしの巻

――一九八〇年

52
カニ・カエル食

そこで、ボクの体力を維持していたのがタイ人宿舎で作られているタイ食だ。量はタップリ、味も格段に旨い。日本人向けに日本食を見事に調理するタイ人の調理人が実はこちらのタイ食もときどき作っている。当然、タイ食のほうが旨い。二、三度、小太りの彼女のお供をして近くの町のマーケットに買い出しに行ったことがある。

新鮮な肉や魚、野菜などが並べられているところを通り過ぎると、興味深い一角が現れる。カニやザリガニ、カエルや蛇、さらにはタガメ、ゲンゴロウ、コオロギ、セミ、カイコの蛹、芋虫類、大小の蟻の山。彼女はこともなげにこれらの一群からいくつかを見繕ってまとめ買いする。ボクは五匹一把になって腹をギュッと縛られた生きたカエルを数束ぶら下

生きているカエルを一束にして販売

げ、稲のような長くて丈夫な草で縛られたカニも一〇匹ほどぶら下げて帰路につく。

キッチンに戻ると彼女は石臼を出してきて、ざっと洗ったカニとサッと皮をむいたカエルを（たぶん、まだ生きていたと思うが）石臼に入れて、石の棒でつぶし始めた。「ウゲッ」とボクが顔をしかめていても何のその、薄茶色になったドロドロの汁にトウガラシやニンニク、パクチーらとナンプラー、酢、ほかにもあったかもしれない。ともかくそれらを入れてかき混ぜ、それをオタマでひとすくいして皿に入れ、「チューン　ニットノーイ（ちょっとどう？）」と差し出してきた。うーん。ここで逃げれば男がすたる。郷に入れば郷に従え。ボクのモットーである。「いや、ボクは日本人だから、その……」などと四の五の言わない主義だ。したがって、思い切りもいいほうだろう。こいつは旨い系ではないだろうがスタミナ抜群に違いない。生臭さをナンプラーなどで抑えているんだろうな。と思いつつ、「ニットノーイ（ちょびっと）」とひと口すすった。

良かった！　香辛料が効いて臭さをしのいでくれている。このドロドロはさらに練り物状にして油で揚げることが多いが、そうすればこいつは旨い。

53
虫食い

夜、灯りに飛んでくる虫は大小さまざま。それを目の色を変えて追い回して捕る。目当てはタガメである。このドでかい水中昆虫はクマゼミほどの大きさがある。

遠い昔の昆虫採集ではカブトやスズメバチを捕まえてよく遊んだ。小学校に上がる前からボクはハチが大好きで、幾度も刺されたが懲りることもなかった。もちろん、食うために捕まえていたのではない。あの人を恐れない堂々とした振る舞い、それでいて見境なく襲ってくるわけでもない、飄々とした雰囲気が好きだった。

さて、捕まえたタガメの臭いは生臭いかと思いきや、なにか、清涼な香りがする。カメムシ臭にも似ているような、果物の香りとも思えるような。ということで、臭いではなく匂いとしよう。タガメは背中の固い殻を外し、カマキリのようなカマも取ってビンに入れる。ビンの中にはすでにたくさんのタガメが入っていてナンプラー漬けになっている。一週間もすると食べられる。酸味が効いて旨い。こいつはこのまま調味料になるそうな。

日本に帰ってきてから気づいたのだが、ボクの味覚はカメムシの臭いを好ましく感じるようになっていた。タイ料理に欠かせないパクチーもタガメもカメムシの香りとよく似ているからだ。日本に帰ってからときどき、「ねぇ、カメムシってパクチーの匂いそっくりだよね」と同意を求めたが、変人扱いの視線しか返されなかったので、今ではもう聞かない。

蟻んこは世界各地でよく食べられている。幼い頃に母方の

タガメの瓶詰

実家でトウモロコシの茹でたてを出してもらった。当時のモロコシはいろんな色の粒が混じったやつで、今の黄色で極甘のやつとは違うが、それでも十分に甘かった。こいつをパクパクやっていた時、残った芯に黒い粒々がたくさんあった。よく見たら蟻んこ。それが蟻食いの初体験だった。不思議なことに「ギャー！」という反応はまったく起きず、「……おいしかった」とぼんやり思ったことをかすかに覚えている。間違って昆虫食を知ってしまった五歳児である。

タイやカンボジアでは市場で山盛りの蟻んこを売っている。まるでオキアミのようだが、食べ方もオキアミとほぼ同様。炒め物でもスープの具でもOK。良質のタンパクだし、旨い。のちに、オーストラリアの森で尻を緑色にふくらましたグリーンアント（紡ぎ蟻）を賞味した。同行のオーストラリアの友人は、「こいつに噛まれるととても痛い」と、蟻の頭部をもいでから緑の水滴のようにふくれた腹部をくれた。それに口を付けてチュッと吸うと、まさにレモンの汁のようで暑熱の土地の一服の涼味だった。一般的に蟻んこはサイズも小さいのでまさにオキアミと同じ、あまり抵抗なく食べられる昆虫だろう。東南アジア一帯でよく食べられている。

同様に、カイコの蛹も各地、各国でよく見かける。道端や露店で大きなザルに山盛りにされて売られている。ほかの虫では幼虫のぷよぷよしたやつを好んで食べるが、カイコだけは蛹だ。理由はもちろん、絹糸を取ったあとの廃棄物となるのが蛹だからだ。これはタンパク質は豊富だしビタミンB2や脂肪など、人間にとっても必須の栄養価。味もいい。食べ方は油で炒めたり、カリカリに揚げたりするのが多い。

田んぼを飛び回るイナゴや各種の蜂の幼虫は日本でもよく食べられているし、味も臭みがなくて旨い昆虫の筆頭だ。

イナゴは日本でも晩夏から田んぼ周辺でいくらでも取れる。甘辛の佃煮にして「さぁ、どうぞ」と満面の笑みで出せば、姿かたちに抵抗がある人でも退路を断たれてエイヤっと口に入れる。そうすればもう大丈夫。その旨さにハマるはずだ。

昆虫食未体験の子どもたちが比較的抵抗なく口にできるのが蜂の子。本命は黒スズメバチの幼虫だが、そうでなくとも旨い。ボクはどこにでもいる足長バチの巣を採って幼虫を引っ張り出し、子どもたちの虫食い初体験を促進してきた。蜂の子はプリプリっとして静かだし、ハエウジのようにくねくね活発に動かない。

もしあれば実体顕微鏡で見せてやると良い。たいていどの昆虫も微細なダニなどを付けているけど、蜂の子だけはピカピカに磨き上げたように寄生虫の類いがいない。働き蜂の甲斐甲斐しい世話はもとより、六角の巣室の中や幼虫の体に塗られているプロポリスが無菌状態を作り出している。だから、生で口に入れてもOK。と、くどくどしい説明はせず、砂糖をちょっとまぶしてやればいきなり食べ物に見えるのだ。

独断で言わせてもらえば、旨い昆虫とはほのかにトウモロコシ味である。油で揚げた昆虫ではエビ味が一般的だとボクはよく説明する。だからカメムシ味とは言えない。

後年、自然学校の講義中にゴクリとやったコップの水の中にカメムシが入っていて、口の異物感で気づいたがあとの祭り。口中いっぱいにカメムシの瀕死の臭い攻撃を受けてしまった。慌てて洗面所に急行し口の中を石鹸で洗ったり、ブクブクしまくったが一日中、臭いが取れなかった。タガメの祟りか。カメムシの生食はけっしてしてはならない。やれやれ。

第11話　日本初、戦地での人道支援の巻

――一九八〇～八一年

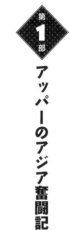

54 医療チームという日本人

日本メディカルセンターに派遣されてくるチームは原則、三か月の派遣期間で、短いチームは二か月という場合もある。それぞれ、派遣元のお家事情があるのだ。さすがにこんな準戦場の難民キャンプに来るぐらいなので、医師も看護婦も個性豊かな人が多い。

コーディネーター顔負けに精力的に外交をこなす医師もいたし、人格者も多かった。

一九八〇年と言えば、敗戦から三五年しか経っていない。中年の医師たちは例外なく日本の戦時中に青春を過ごした世代だったし、中には従軍医師として日本メディカルセンターの前の国道を兵士と共に通ったことのある先生もいた。さすがに肝の座り方が違う。戦争でもっとも苦しむ人々のことをよく理解していた。

こんな医師たちばかりなら、日本の先進医療も地域医療も世界に誇れるのにと思うのだが、なかなか、日本国内では話はそう単純でもないらしい。こうした医師の多くは煙ったがられる傾向があるのだそうだ。

ところが、本当に煙ったい医師もやってきた。到着早々「せっかくこんな危険な僻地にやって来てやったのに、この待遇は何だ！」とボクらに怒鳴り込む医者がいた。この待遇と言われても諸外国のドクターたちの仕事場と比べて遜色はないし、宿舎であるこのセンターは国境周辺で最高レベルの宿舎兼医療機関だった。

でもすぐ隣が戦場だし、サケオの町も日本の地方の町よりはるかに小さく貧しい。それを言われちゃ話にならない。

この医師の場合、要求がエスカレートして自分の仕事場は赤じゅうたんを敷けとまで言ってきて仰天してしまった。

もっと仰天したのは、日本の本部＝ＪＩＣＡ＋外務省の反応だ。「医師の希望する通りにせよ」。？？？　もっとも、この赤じゅうたん事件は医師が取り下げたので一件落着した。もし実行していたら国際的な笑い者になったろう。

ある大学病院チームの医師は、まったく人の言うことを聞かないタイプ。まだ若いのにと思うのだが、日本では、そして彼の病院ではこれで通ってきたんだな。

難民キャンプというある種、野戦病院の果たす役割を、現場の混沌とした状態で即断即決、最適な医療行為として行う

「赤いじゅうたんを敷け!」

ためには、状況を的確に見極める能力や強い意思が必要だ。でも、この医師は日本を出るときに自分で決めたことしかやらない。目の前に瀕死の戦病者がいても我関せず。

逆に、自分のキャリアになると思ったのか、ここでは不要な措置とあらかじめコンセンサスのあった高度医療を、「絶対にやるんだ！」と言い張ってほかのチームの医師たちを巻き込んだトラブルになってしまった。

先進医療とされるものには、それを可能にするための高度医療機器が必要になるものが多い。かくして、センターには日本でも最先端の一台数千万円の機器がいくつも置かれる羽目になった。もちろん、使われることはなく、倉庫に埃をかぶってしまわれている。ボクの前任者が会計検査院の調査に大汗をかいて隠し通した代物だ。いずれ、タイ国のクラウン・プリンス・ホスピタルに移管されたときにそこのドクターたちが研修を受けて使ってくれることを願うばかりだ。

難民医療にはこうした高額医療や高度先進医療は行わないという不文律がある。同じ人間なのに差別じゃないかと言われるかもしれないが、これは仕方ないことなのだ。

国境沿いの難民キャンプはタイ国側のもっとも貧しい過疎

カンボジア難民キャンプ

地域に作られている。そこは村とは名ばかり。失礼を承知で言えば、未開と言いたくなるような貧村だった。そこの住民たちは生まれてから一度だって、〝医療行為〟と呼ばれるものにかかったことがない。伝統的な民間療法やシャーマンの祈りで病を癒すのみで、平均寿命も三〜四〇歳しかない。その土地に、隣国の（歓迎されざる）難民を保護する施設を作ったのだから、タイ国政府にとって、難民が自国民の農夫たちより恵まれた待遇を受けるような状況はけっして看過できない。

かくして、難民医療は救急医療を軸として、徐々にベーシックな総合医療を行う体制になった。医療だけじゃない。ボクが加わって汗水流して掘った井戸も、周辺地域の住民が汚濁水を飲んでいるため、タイの周辺地域に井戸を掘る作業が優先されて、清浄な水が確保されるまで、キャンプ内の井戸は蓋がされたままの状態が長く続いた。

難民救援の仕事も政治的な事情を承知し、配慮して初めて成り立つのだった。

日本チームの第一陣だった日大病院チームやそれに続く日医大チームは、まったくゼロから日本チームの難民医療体制を作っていった。当初はキャンプ内に病院も手術室もなかったし、電気すら確保されてなかった。そのために、竹で作られた掘っ建てのぬかるむ土間に砂利を敷き、小屋内部をブルーシートで囲い、コンロで湯を沸かして機器を消毒し、ランプの乏しい灯りで手術をした。さらに医師たちのさまざまな工夫で医療に不可欠な衛生環境を着々と生み出していった。これには日本からの高額な装置など必要ではなかった。しかも、難民たちの協力者を募って医療ヘルパーと して訓練も開始した。まったく頭が下がる医師たちだった。クメール人のヘルパーたちは日本語を覚え、病棟内を清潔にするためのさまざまな働きも、患者の身の回りの世話もできるようになり、その後にやって来たいくつものチームの戦力としてとても良く働いてくれた。

55
日本政府初の戦地における人道支援活動

ボクが難民キャンプに着いたばかりの頃、国内ではある大新聞の特派員が書いた記事が流行語のように飛び交っていた。いわく「日本は金は出すが人は出さない」。

この言葉がさまざまなメディアに取り上げられて、日本政府も緊急医療援助のプロジェクト「カンボジア難民救援日本医療チーム緊急派遣事業」を開始することになったのだった。諸外国や国際赤十字がすでに動いている中で、たしかに出遅れていた。でも、スタートは遅れたとはいえ、十分に貢献した活動だったことはその渦中にいたボクがもっともよく実感している。

〝緊急〟という言葉通り、のちに日本も経験する災害救援活動と同じく、発災後にどれだけ素早く動けるかがカギとなる。

そして難民たちがある程度、命の危機を脱して国外への移住や国内帰還ができるようになれば、緊急医療援助はその役割を終える。

舞台となったタイ国東北部の医療事情にも、日本などの難民医療援助の活動はとても貢献した。日本チームはタイ政府の依頼に応えてキャンプ周辺地域への僻地農村診療の活動も行ってきた。そして徐々にタイ国の医師や看護婦も加わるようになり、任務を引き継いでいけるようになった。

「日本は金は出すが人を出さない」という新聞の記事を書いたのはバンコック駐在の某記者。タイに着いたばかりのボクはこの記者の仕事場を尋ね、情報収集を兼ねて使いっ走りのような手伝いを始めた。

この記者によると、「日本は金は出すが人を出さない」というのは国際機関やタイ国などが言っていたのではなく、彼が考えたことだという話だった。世界各国の人道的なＮＧＯや政府機関がカンボジア国境に集まり始めているのに、我が日本は例のごとく、緊急支援と称してタイ国あての支援金は拠出しているが、緊急支援チームの結成などはまったく始める気配もない。バンコックの日本大使館にプッシュしてもヌカに釘。

そこで、日本人がもっとも敏感に反応する海外の評判という形をとって記事を書いたらしい。狙いは大当たり。その結果、ボクが今、ここで仕事をしているのだ。ちなみにこの記者はこの後、北京駐在となって出世した。

裏話というのはかくのごとく、なぁんだというものである。

しかし、この言葉はさらに国内で加熱してしまい、カンボジア難民救援の最前線である公的機関の我が日本メディカルセンター宛てに、日本中からダンボールに詰められた衣類などが大量に送られてきた。最初はボクらも日本人の心を難民

農村僻地への定期診療

たちに届けようと、嬉々としてダンボールを受け取り、古着を整理して難民キャンプに持って行った。しかし、世の中、甘くはないものだ。

最初にタイの田舎町の郵便局長氏と局員たちが、日本から毎日大量に届くダンボールをセンターまで配達するのを拒否してきた。仕方なく受け取りに行くと、手数料を要求してくる。最初のうちは一個一〇円程度の話だったが、これは明らかに制度外の袖の下の要求だ。バンコックの大使館に打診してみたが、ともかく荷物を受け取るように返事をしてきた。仕方ない、払って受け取ると、数日のうちに手数料が倍々に増えて、しまいには一個千円くらいまで吹っかけてきた。しかも個数は数十から百単位である。

やはり、バンコックからは「荷物を受け取るように」との返事。

この田舎町の郵便局長の給与の一生分ほどの賄賂をボクらはこの小さな郵便局に貢ぐ羽目になったのだった。しかも、当時の我が国民は支援物資として古着を送るのはいいのだが、洗濯をしていないものもかなりの量。学生服などどうやっても着ることのない古着も大量に届いた。黒は虐殺者ポルポトのカラーだったし、詰襟はポルポトの庇護者だった中国の正式服で、難民たちは忌み嫌っ

大量の支援物資という古着たち

ている。やむなく、毎日センターの焼却炉は日本からの〝同情心〟を焼き続けたのだった。

56 コーディネーターという仕事

それにしても、わがままな医師や足元を見る悪徳タイ人の小狡さに対して、バンコックや日本の本部からの返答はことごとく、ボクの戦意を喪失させるものだった。

ボクの仕事であるコーディネーターというのは、なんとも権限の弱いものなのか、こりゃ使いっ走りと変わらないじゃないか、と情けなくも思った。

ヨーロッパなどの医療チームのコーディネーターたちはその点、調整の専門家として一目置かれるスタンスを維持している。

何が違うのかと思ったら、欧米各国には「コーディネーター」は専門職として大学の履修科目もあり、人間関係学や社会学の分野でかなりの重要度を持った人材であり、政府や行政機関でも不可欠のポストとして育成されている。

ひるがえって我が日本は、大学での履修科目どころか、政府、行政機関にもこの職種への認識がない。何でも屋、小間使い、縁の下、事務屋など、まぁ、その場しのぎの便利屋程度にしか見られていないのだ。当の本人であるボクらコーディネーターたちは、そうした認識を改めようと、自分たちなりに頑張ってきたつもりだったが、つねに、バンコック（大使館）や東京（ＪＩＣＡ）は、ボクらの持ち上げようとする頭をグゥッと押し潰すのだった。

一九八〇年から数十年経って、ボクはアジアの国々や南米などにさまざまな名目の調査に出かけたが、仕組みが整っている国ほど、その国の各分野のコーディネーターがボクらの調査団を迎えてくれて、適切なカンファレンスをしてくれ、調査に必要なアレンジも行ってくれた。まさに専門職。羨ましい気持ちでボクは彼らを見ざるを得なかった。

日本でコーディネーターが正当な評価をされていないのは、事務職という業務が全職種にわたって存在し、それとの違いが理解されていないのではないかとも思う。

コーディネーターは、各分野のプロジェクト単位に機能する総合調整職で、医療のプロジェクトだけではなく井戸掘りにも農業指導のプロジェクトにもおよそ、プロジェクトであれば必ずコーディネーターは付く。なぜなら、井戸掘りの専門家はどこにどうやって井戸を掘るかについての技術者だけど、現地の公的機関のさまざまな許認可や現地協力者の募集、自分たちの宿泊や食事、移動の手配など、井戸を掘るために必要な生活上のことも含めた諸々について準備することはまったく不得手だからだ。

いずれ日本でも欧米並みにコーディネーターという専門職が認識されるようになるだろう。ボクはそれを本当に願っている。

日本病棟のヘルパーたち

57
国際緊急援助隊

センターの医師には、チームを外れて個人として一九七九年末の医療協力プロジェクトの当初から半年にわたり、日本チームの大黒柱として働いてくれた鵜飼卓という際立った先生もいた。鵜飼先生は外科医としての技術の高さ、確かさは当然として、日本初の難民医療援助というプロジェクトが何をするべきなのかをつねに考えて、センターを拠点に活動する全日本チームを引っ張ってくれた。そう、このセンターの所長は名目上はタイ国クラウン・プリンス・ホスピタルの院長であるタイ人だが、実際上はＪＩＣＡから派遣されているチーフコーディネーターとなる。でも、鵜飼先生はセンターの医療協力分野のチーフリーダーだった。

とはいっても、医師に多い謹厳実直タイプではなく、いつも笑顔でポジティブウェーブを発散。とにかく柔らかい。突発的な事態がたびたび起きたのだが、センターの医師や看護婦は例外なく緊張して顔が引きつるような状況になる。そんなときに、ジョークが言える人だ。そう、鵜飼先生は関西人である。ジョークを言いつつ、的確な指示をポンポンと出すから医療チームもボクらも本当に助けられた。

この日本メディカルチームの活動は、政府派遣なので国際的な信用やさまざまな許認可には威力を発揮するのだが、図体が大きい分、動きが鈍い。とくに戦地の緊張と混乱が同居したカオスではとっさの判断で動くことが不可欠なのだが、いちいち遠くの親類（大使館やＪＩＣＡ本部）に許可を取るような無駄手間が多い。近くの他人（他国の医療チームやＮＧＯ）と適宜、連携して動こうにも置いてけぼりになる。

それは、日本がまだこの分野で後進国だからだ。戦乱や大規模災害は突発的に発生し、分単位で事態が動く。そのなかで悲惨な状況に陥った被災者や難民たちにタイミングよく適切な救助を行うためには、こちらも専門的なチームを軽いフットワークで動かせるような体制を整えておかなければならない。そんなことを鵜飼先生を中心にしてよく議論した。

そして鵜飼先生やカンボジア医療協力プロジェクトのＯＢＯＧが中心となり、各方面に呼びかけて帰国後の一九八二年にＪＭＴＤＲ（国際緊急援助隊医療チームJapan Medical Team for Disaster Relief）が生まれた。これは医師や看護師、コーディネーターが発災後二四時間で羽田空港に集合し、次の二四時間で被災地（紛争地）に着くという構想だ。

民間の活動をイメージして作られたが、その後、資金や派遣の足、機器の手配や管理などの点から結局、日本政府の所管になり、現在は外務省とＪＩＣＡに事務局を置く体制になっている。

ボクは発足当初はまだその気も十分だったが、すでに富士山麓で自分の仕事を始めており、残念ながらその後はＪＭＴＤＲから離れてしまった。

58 日本に帰る

すでに多くのチームを迎え、見送ってきたボクは、一九八〇年の年末、そろそろ自分の身の振り方を決めなければならなかった。東京のJICAからは、後任のコーディネーターもやってきた。ボクはいったん、帰国してからエチオピアか東欧の紛争地への派遣の方向で話が動いていた。そのまま、コーディネーターを続けていけばこの後も世界各地の紛争地や災害地などで仕事をすることがわかっていた。

ボクは二〇歳そこそこでインドに渡り、単身、開拓の仕事をしてきた。その後も日本に戻ってはまた海外に出る暮らし。もう足掛け一〇年もアジア周辺をうろうろしている。

ボクの二十代は終わろうとしていた。見知った難民たちもかなりの数がカナダやアメリカ、オーストラリアなどに発って行った。このカンボジア難民救援の仕事は峠を越していた。

日本の政府が初めて海外の紛争地に人道援助として派遣したプロジェクトがこのJMT（日本メディカルチーム）だった。海外の紛争地、戦地に人を出すのは、軍隊が行くという場合もある。でも、どんなに大義名分があり、正当性を主張しても、その軍事的な行為によって傷つき斃れる人が出ることは避けられない。それを正当化することもできない。

ボクが参加した医療協力という人道派遣では、誰も傷つくどころか、ボクたちの医療協力の行為を憎んだり恐れたりする人は誰もいない。子どもでさえ、キラキラした瞳で笑顔いっぱいに群がってくる。これが大きな違いだ。ボクはいいプロジェクトに参加できたと思った。

そして、一九八〇年の一二月、ボクの三〇歳の誕生日を前にして、不意に足を洗って堅気になろうとヤクザみたいなことを思った。それから年が明けての幾週間、残務処理と引き継ぎの日々。インドから帰国した時も侘しかったが、今度も侘しい。
ボクは一九八一年の春を待たずに帰国した。

第1部 アッパーのアジア奮闘記

第12話　動物農場の気分の巻

――一九八二〜二〇一三年

59
家畜動物という生き物

タイ・カンボジアの国境線での暮らしはなかなかエキサイティングだったが一方では、ある種、けだるさもあった。異常な緊張感の続く刺激は感性を鈍らせるのか、静穏に過ぎる数日、数週間でもあると、やけに間延びして感じられた。でも、そんなボクの心を和ませてくれ、いつもチューニングしてくれたのは生き物たちだった。

タイ東北部の田舎では、庭には豚、アヒル、鶏、犬などが大家族となって暮らしていた。ヒヨコの集団を引き連れた母鶏はしょっちゅう、地面を足で引っ掻き回して餌を見つけ、ヒヨコたちを呼んでついばませている。よく見ればミミズでも芋虫でもなく、ただの土くれや草の種だったり。そのすぐ横では豚が横目でこちらを見ながら、土の中に鼻を突っ込んで何やらしきりにムシャムシャしている。アヒルは首を伸ばして背伸びし、鶏族や豚族を偉そうに見ている。夜中じゅう、

鶏一家

吠え、喧嘩して騒ぐ犬たちは、昼間は限りなく眠そうである。

　こうして動物たちがウロチョロしている環境では野生の動物も暮らしやすい。天井にはヤモリ、屋根にはヘビ、あたり一面にカエルがゲロゲロやっている。野鳥も豊富だ。


　遠い記憶を引っ張り出せば、なんだ、日本もボクが子どもの頃はこうだったじゃないか。もちろん、東京郊外で育ったボクの身近にはさすがに少なかったが、母の田舎に連れて行ってもらった時の記憶は濃厚だった。里の家畜たちは境界や塀もない家々の庭や道沿いの畑など草付きの土地で人間につかず離れずに過ごす。自分の縄張りである人家を離れて遠くに行けば即、危険な環境だというこ とがわかっている。それぞれ食性も違う動物たちなのに、残飯や、人糞や土、草を食ってみんな、痩せこけもせずに健康に育っている。もちろん、ドッグフードや抗生物質なんぞに世話にはなっていなかった時代だ。

　こんな環境が、家畜と呼ばれる動物たちの本来の生きる場だ。自然に逆らわなかった頃の人間たちの暮らしに、寄り添うように生きてきたことが彼らの出自だ。人の暮らしなしには存在し得ない生き物。そんな風景をぼんやり見ながら、タイの田舎には現代日本の畜産化した家畜たちにはすでに見られなくなってしまったおおらかさ、たくましさが残っていると感じていた。

60 動物農場の気分

人類にとって環境問題は宇宙人の襲来を抑えて、生存の最大の弱点となった。いや、環境問題ばかりじゃない。右肩上がりの成長至上主義は世の中の生き難さという意味においても、途方もなく大勢の落伍者、脱落者を生み出している。彼らは本来、落伍も脱落もしなくて済んだ人たちばかりだが、成長神話は成功者と失敗者がいて成り立つという社会の仕組みが落伍者を作ることを要求しているのである。

やれやれ、経済性と効率性が持て囃される時代、のどかな環境音楽のような家畜動物と人の暮らしは昔語りになってしまった。今は考えるのもつらい無機的な環境で動物たちは工業製品化の道をひた走っている。

いや、もはや、野菜という家畜植物も同様だろう。工業製品のように同じ規格、同じグレード、ときには大地を離れて栽培されている野菜が市場を支配している。これは生き物の世界だろうか。花屋の店先では着色剤で色付けされたアフリカ生まれの花が並んでいる。

ボクがインドの開拓地で育ててきたキャベツやピーマンたちはおそらく、数千年前から変わらない栽培法だった。その古代顔した野菜たちが、日本生まれの同輩たちが一見似た顔しつつも、その実は、体中に化学式を書かれたような変な生き物になっていることを嘆いているように感じる。そう言いつつも、日々、ボクは日本の豚を食い、鶏を食う。ボクも変な生き物になっていくのだろうか。

一九八一年に帰国してからのボクを、アジア各地で生活したときの感性が悩まし続けた。日本はわずかの間に変わってしまった。暮らしにくい、殺伐とした雰囲気が覆っていた。だいいち、町から子どもの姿が消えてしまった。たまに見かけてもドヨンとしたマナコをしている。インドでもアフガンでも大虐殺後のカンボジアでさえ、子どもはキラキラした眼をして群れていた。

ボクの子ども時代に過ごした日本の面影は、アジアの各地でよく似た光景として幾度も見ることができたし、ボクにはとてもなじみやすい世界だった。それが、一九八〇年代初頭の我が日本では、もはや、ボクの過ごした子ども時代の温かみのある世界をきれいに消し去ったようだ。でも、こんなに短時間に環境や暮らしを変えていいのだろうか。

「動物農場」はそんな気分から生まれた。

帰国した翌年の一九八二年。田舎の風情が色濃い富士山麓に住み着いたボクは、さっそくチャボを手に入れ、犬、ヤギと増やしていき、ついには鶏、アヒル、ガチョウ、ウサギ、羊、モルモット、ホロホロチョウ、ウコッケイ、ウマ、ロバと、とめどなく仲間は広がっていった。当然、タイの田舎の記憶がボクを突き動かしていた。

いろんな色を持つ

61

アジアの暮らしが自然学校になった

アジアから帰国するにあたり、〝開拓〟をしながら暮らしたいと思って調べたら、富士山麓に「開拓」という地名があった。そんな藁をつかむような情報を手にして帰国してからまもなくの一九八二年に、富士山の西南麓の地に腰を据えたのだった。この地に来てみると開拓は第二次大戦後に満州から引き揚げてきた人たちの開拓村のことだった。すでに四〇年近く前、過去の開拓である。

それでも太平洋から富士山頂まで一気に見える雄大な地平線のある景色は、だだっ広いアジアで暮らしてきたボクには必須の条件だったし、おおいに気に入った。

ボクは日本に帰ってもどこぞの会社などに就職しようなどという気はなく、自分ができることを自分自身の器量でやるつもりだったし、それができる舞台を探していたが、富士山麓の大自然を奥座敷に抱える野趣あふれる田舎はうってつけだった。

ここで始めた動物農場は畜産経営でも観光牧場でもない、表記する名称のない牧歌の動物飼いだ。そもそもの思いは、日本の子どもたちのキラキラした眼をもう一度見たい、という願望だった。それはさまざまな動物たちと暮らし始めたことで、案外早く実現した。子どもは文句なく動物が大好きだ。

かくしてこの地に「動物農場」が生まれ、ついでに富士山の西麓の朝霧高原でも牧場仕事をやり始めてしまった。激務の二足わらじである。でも、ボクはそれがまったく苦にならないどころか、楽しくて仕方がなかった。

初めてアジアの暮らしに飛び込んでから一〇年後の一九八二年。バブルに差し掛かった日本に帰国した直後に始めた牧場と動物農場だったが、冒険や動物体験をテーマにした牧場は数年後には大繁盛し、職員も三〇人を数えるほどになった。ボクは馬に乗ってテレビのCMにも出演しての全力投球。今から思い出しても冷や汗が出る。でもとにかく人気は急上昇。文字通りの右肩上がりの日々。バブルってこんなところにまでやって来ていたんだ。

でもしかし、売れれば売れるほどに違和感がふくらみ、ついに六年で大賑わいの牧場から手を引いた。「給料なんて払えないぞ」と言っても付いてきたスタッフは二人。ボクらは面白い三人衆になった。とはいえ、すでに動物農場の助っ人や隠れスタッフは幾人もいて、最初から大所帯。彼らと毎日、賑やかに飯を食い、酒を飲み、働きまくった。

元々が庄屋の屋敷だった広い我が家とその周辺の農地を借りまくって開放していた動物農場は、なんとも心癒される空間。旅行会社や観光協会には縁がなかったが、幸せそうな親子、掃除や餌やりを手伝う子どもたちは増え続けた。

こうした二足わらじから動物農場一本に絞った日々がそののち、「ホールアース自然学校」というたいそうな名称になった。〝動物農場〟から〝自然学校〟が生まれたのだ。

そして、一九九〇年代前半のバブルの崩壊あたりを境にボクは「動物農場」の仕事よりも自然体験や冒険・探険が活動のメインになり、気づけばウジャウジャいるスタッフも動物顔から自然学校顔に切り替わり、全国各地に分校を配置して四五人の所帯になっていた。

さて、第二部「アッパーの動物記」では、アジアから戻って、牧場と動物農場を始めたボクが、家畜と呼ばれる動物たちと暮らした日々を書いた。畜産業でもなければペット的な飼い方でもない、〝牧歌〟とでもいうようなその物語を楽しんでもらおう。

第2部

アッパーの動物記
「家畜と呼ばれる愛すべき仲間たち」

長いまえがき
——アジア放浪から、富士山麓の羊飼いへ

62 子分になる

一九八二年、アジア生活から帰ってきたばかりのわたしは、富士山を間近に仰ぐのどかな田舎で古民家を借りて住み始めた。いわば、〝田舎暮らし〟のはしりである。自給自足暮らしをしようと「動物農場」と名付けた我が家で、多くの家畜動物たちと田畑の暮らしを楽しんだ。近所の爺ちゃん婆ちゃんたちにとってこれは大事件だったらしい。なぜなら我が村で若いヨソもんが暮らし始めることはついぞなかったからだ。

入れ替わり立ち替わり顔を出しては「あんたマメッタイ（熱心だ）なぁ、どこから来ただ？」とか「こんなササラホーサラ（めちゃくちゃ）じゃ芽も出るめぇ。ちょっくり（ちょっと）オラの畑見なっせぃ」と聞いてくる。それがわずらわしくな

農民アッパー

かったのは、この爺ちゃんたちがとてもユーモラスで誠実だったからだ。あるとき、組長と自称する腰の曲がった爺ちゃんが、酒の勢いもあり、「よし、オラがおみゃあの親分になる。おみゃあはカタしてやる（仲間に入れる）から明日からオラの子分だに」と目の据わった赤ら顔で言ってきた。「組長？　親分⁈　子分？・？・？」……。あまりいい語感ではなかったこれらの言葉が否応なくわたしの身分を決めてしまい、さっそく翌日の朝、この爺ちゃんと一緒に村中をタオルを持って歩くことになった。幸いなことに、わたしは田舎暮らしのしょっぱなから、ヨソモン扱いではなく、身内（組長の子分）となって近所にあいさつできたのだった。もちろん、爺さんたちは、わたしがしばし懸念したような土着のやくざ組織のなれの果てではなく、れっきとした自治会組織の面々だったのである。何なれば、わたし自身が翌年に組長になったからだ。おかげで、古民家の周辺の畑を次々と借りることができて、畜舎や放牧場、野菜畑も思うがまま作ることができた。

63
牧場を始める

その一方で、わたしは家畜を飼い、畑を作っても、手元のわずかな現金は増えてくれないという問題を感じ始めていた。自給自足だと悦に入って山菜と野草は毎日の我が家の食卓を飾ってくれたが、作物のほうはすぐにはできない。このままじゃこの暮らしも続かないかも。わたしは借金大嫌い人間だ。そこで現金収入にと、我が家の近くの朝霧高原で牧場の仕事を始めた。牛飼いだらけの大酪農地帯でも、乳価の低迷で経営が順風じゃない牧場がゴロゴロある。いや、乳価の低迷どころか、搾乳機械やミルクプラントはもちろん、牧草地の管理に必要なトラクターやモア（刈り取り機）、集草機などなど、国の政策で大規模・機械化を無理強いされた我がニッポンの牧場たちは例外なく借金地獄だった。借金のカタに農地を農協に召し上げられ廃業した牧場がチラホラある中で、牛飼いに見切りをつけ、幹線道路沿いに土産物ドライブインなどを建て、観光牧場を考えているところがあって、ここで空き畜舎だらけだった牧場を任される形で仕事を始めた。七〇歳をとうに越えた元満州の騎兵だった爺さんと二人の体制で思い切り働いた。忙しくなってきた頃、近所の牧場を息子に譲って引退した満州開拓世代のスズキさんというオジサンも手伝いにきてくれた。この人がすごかった！

最初の丸太小屋

遊牧民キャンプ大集合!

　富士山に来てから教わることが多く、土に生きている人の底力を実感していたが、還暦過ぎたこのスズキさんが自分で生きることを目指すわたしの師匠になったと言ってよい。木の見方、伐採法、搬出、ロープ結び、小屋作り、穴掘り……。本当に真綿に水が沁みこむようにさまざまなことを体で教わった。朽ちて汚くなっていた牧柵は牧場の山から木を切り出して何百本も立て替えた。古びた畜舎も汚物などを片付け、あるいは建て替えて白いペンキで整えた。牛よりも馬や羊、ウサギなど次々に数を増やしていった。訪れる人が牧童の仕事を体験できるようなプログラムを作った。
なにより、子どもの冒険的なキャンプとして始めた「遊牧民キャンプ」は大人気となった。

64 つらい繁盛、思いは離れ……二足わらじを辞める

この仕事は、思いもかけず大当たりの観光牧場となって近郷近在に知られるようになり、毎年のように新しい施設を建設して、牧童たちも増え、三〇人の大所帯になった。牧場は一〇近くの旅行会社と契約をし、富士山西麓のワガママ頑固モン揃いの観光施設たちの連合の仕事も増え、わたしは毎日幾千人の相手をし、観光バスを誘導する。

こうした〝成功〟の仕事が逆に動物との幸せな日々への足かせとなってしまい、大当たり牧場長生活も六年で身を引いた。しばらくは心からホッとしたものだった。

牧場の仕事で学んだ諸々はおおいに役に立った。牧場から離れた後も、古民家の我が家を中心にした動物農場には新顔の動物たちが毎年のようにやってき、近隣どころか、遥か遠方からも子どもや昔子どもたちが大勢やってきた。牧場時代は渋滞に疲れ、人並みに押されて休日を過ごす人々を見続けてきたが、ここでは入場料などは取らない代わりに、たっぷりと動物たちと遊んで過ごす幸

せな家族を多く見ることができた。

65 動物農場から自然学校に

気の多いわたしは、思えば帰国直後の一九八二年から田舎家暮らしと動物農場、そして大観光地になった牧場仕事を始めてきたが、それだけでなく、なんと「自然学校」にものめり込んでいた。もちろん、自然学校という言葉も概念もない時代だ。ただ、わたしが富士山の大自然に包まれて夢中になってきた子どもたちとの自然体験や動物体験、冒険の日々がのちに「自然学校」と呼ばれたのだった。

当時の富士山麓には観光的に知られたポイントではない、人知れず奥深い森や林はもちろん、人跡未踏の涸れ沢が無数にあり、溶岩の巨大な滝があり、洞窟地帯がある。まるで獣のように藪《やぶ》に潜りこみ、岩を乗り越え、地下の空洞に身を潜りこませる。あるいは熱気球で樹海を眼下に見ながら飛んだり、日本に紹介されて間もないパラグライダーを子どもの格好の遊びに感じて子ども用の飛行法を開発したり、それこそ好奇心の赴くままに富士山の大自然を堪能し尽くした。こうしたわたしの活動がボーイスカウトやＹＭＣＡと違うのは、骨太の理念もよく練られたカリキュラムもなく、目の前の自然の姿と、心から解き放たれる子どもたちの姿から学ぼうという一貫した姿勢だけだったと言ってもいい。いずれにせよ、わたしはあるときから自然体験、冒険体験の活動に「ホールアース自然学校」という名のプログラム名をつけてきたが、のちにそれが動物農場に代わる組織の名前になった。

66
動物農場の混合放飼場

話をふたたびアジアに戻そう。

一九七〇年代の後半、わたしはシルクロードの旅に出た。その終着駅はカンボジア難民キャンプ。この時期は家畜動物との密度の濃い暮らしが身近にあった。中近東の遊牧の民はヤギたちが暮らしの支えで唯一の財産だ。時おり行う屠殺《とさつ》や皮剥《かわは》ぎでは刃物をほとんど使わず、指で処理していく。これはのちにわたしも自分のスタイルにした方法だが、これができるのは殺した直後に解体するからであって、時間が経った冷たい屠体《とたい》では肉同士も固くくっつき、刃物を使わなくては解体できない。

ところで、現代の我が日本国では飼っている動物を飼育者自らが屠殺し解体することは、なかなか厳しいハードルがあり、これを突破していくには相当タフな胆力と技術、知識が必要だ。わたしは中近東の遊牧民スタイルの屠殺だけじゃなく、いろいろと研究して日本でも自家屠殺が可能な手法を磨いていった。この辺のことは15話「動物農場って何だの巻」で書いている。

混合放飼場

動物農場で飼われている動物たちは、犬やヤギ、羊、ウサギや鳥、モルモット（天竺ネズミ）たちまですべて同じ空間を共有している。もちろん、人間の子どももけっこう頻繁にその一員となっていた。近年の畜産農家や動物園でも見ることができない、こうした異種動物同士の共同生活は、実は昔の日本では当たり前だったし、わたしの知る限りアジアの国々の田舎では普通に見られる光景である。

67 農水省の調査団がやってきた

これがあるとき、面白いエピソードを生んだ。静岡県富士宮市の保健所から毎年出される管内の動物飼育の報告書で、際立って健康的で病気知らずの動物群がいるという報告だ。これに興味を抱いた農林水産省の研究機関である農政調査委員会なるものが、泊り込みで調査にやってきたのだ。

そうそうたる学術委員たちがまじめに我が動物たちの足を持ち上げたり毛並みを調べたり、畜舎を見てカンカンガクガクする姿は噴き出すなと言う方が無理なくらいおかしなものだったが、これが一冊の報告書となった。学者先生たちは、我が動物農場を「混合放飼場《こんごうほうしじょう》」と規定し、幼齢期から異種動物同士で一緒に育つことで、互いの糞などを摂取する機会も多く、それが結果的に生ワクチンを飲んだ効果をもたらして、単一種の群れに見られるさまざまな病気が発生しない。同時に、こうした環境は異種動物への警戒感を除き、人間に対しても馴れやすく、闘争やストレスを生み出さない、ということだった。ちなみに「混合放飼場」とはわたしが学者先生に聞かれてとっさに答えた言葉だが、まさか学術書に書かれるとは思わなかった。

我が子もこの〝混合放飼〟の一員となって、ヤギ小屋で終日遊び、ヤギ族になりかかっていたが、子ども時代に小児科にかかることがなかった。

68 わんぱく戦争

さて、さらにわたしの生い立ちをさかのぼろう。わたしは生まれと育ちが東京吉祥寺の井の頭公園のほとりだった。今でこそジョージだとか、若者のメッカとして憧れの地と言われているが、わたしの子ども時代は敗戦後の闇市がそのまま残ったような町だった。中央線も高架ではなく、踏切には踏切番がいて線路で遊ぶわたしたちを怒鳴ってばかりいた。さらに踏切のたもとには柳の木。その影がものすごく、夜はちょっとおっかなかった。

我が子とヤギのミドリ

吉祥寺を走る中央線の線路近くの御殿山は坂上とも呼ばれて、公園の池から南に広がる牟礼の町並みは坂下だった。この坂上と坂下の子どもたちが年に一回、戦争をやっていた。いつから始まったのか誰も知らない。でも、戦争は厳粛に行われ、刃物や飛び道具（パチンコ）など卑劣な武器は厳禁だったし、捕虜への虐待もしてはならない。このあたり、敗戦後の東京裁判が子ども心に影響していたのかもしれない。

総大将は六年生。四、五、六年生(だったかな?)の高学年で部隊は構成され、いくつかの小隊に分かれて広い公園を戦場にした。わたしは小学校に上がる前で参加資格は当然ない。でも好奇心は人の十倍もあったので、この大イベントを指をくわえて見ているわけにはいかない。六歳離れた兄貴が大将か副大将だったので頼み込んだが、そんなコネはあっさり退けられてしまった。

いよいよ開戦の黄昏どき。それぞれ棒を持った戦士たちが主戦場である公園のクヌギ林に展開していた頃、わたしは公園の手前でウロウロ、じりじりしていたが、ついにたまらず、暗くなった戦場に入ってしまった。向こうからガヤガヤと一団がやってくる。一応確かめてから「お兄ちゃん!」と飛び出したが、なんという不覚。それは敵方の一団だった。有無を言わさず縄で捉えられ、手近な木に結わえられてしまった。敵も紳士で、叩かれたり蹴られたりはしなかったが、そのまま足早に去っていってしまった。心細さと口惜しさでベソをかいていたわたしは、すでに真っ暗になった公園で、兄貴たちの捜索隊に発見され、家路に戻った。敗戦から十年のニッポンの少年たちだった。

69 サル山の個体識別

公園には「井の頭自然文化園」という名の日本の在来種を中心にした動物園がある。わたしは年

70 家畜という動物たち

上の子どもたちにならって、この動物園の金網にわたしの入り口を作り、自由に出入りしていた。

　とくにお気に入りはサル山だ。ここの猿たちを飽かずに見続け、おかげでかなりの個体識別ができるようになったが、この〝特殊能力〟はのちに自分の牧場で羊を一三六頭にも増やしたときに、この羊たちの大きな群れの個体識別を完ぺきにできたことにつながった。耳のタグもなく、体にペンキで名前を書くこともなく、名札も何もなくとも、動物たちは個性豊かな表情と性格、面構えなのである。だから繁殖に際してはむやみにオスとメスをつけることなく、けっして近親交配とならないように血統を管理することができた。牛を見ても牛たち、羊を見ても羊たちとしてしか理解できず、個の動物として認識することができない人間は、いずれ、人間集団を見ても、その群れのなかの個々の人間を見分けられなくなり、違いがわからなくなるに違いない。

動物園の専用入り口

わたしの動物農場は家畜動物に徹底してこだわった。家畜ではない野生の生き物の暮らしを変えてしまうような関わり方には極力触れない姿勢を通した。交通事故で怪我をした狸、草刈で羽を切られた雉、たまたま捕まった鹿など、持ち込まれることがたびたびだったが、わたしはこれをすべて断るか、食うという選択をした。非情に思われたことだろう。でもわたしは、人間が新たに自然に手を加えるのはできるだけ避けようと思っている。

里山や家畜たちのように人間が手入れをして人間社会に順化した自然にはそのルールに沿ってわたしも暮らしたいと思うが、まだ野生である自然には安易にそれをいじる様なことをしたくないのだ。

71 家畜の魅力

家畜はおよそ一万数千年前から人類が（このくらいの時間スケールだと〝人類〟と言ってしまう）自分たちのコロニー周辺に飼い慣らしてきた野生動物種で、犬、羊、ヤギの順で最古参チーム。現代の三大畜種の牛・豚・鶏は豚が最古参で鶏が新顔組。馬や猫もそのあたり。ラクダが比較的新しく、リャマ、エランド、トナカイらが新家畜群。ペットとして人気のヨーロッパアナウサギ（日本の在来ウサギとは異なる）は二〇〇〇年ちょっとくらいしか経っていない。家畜種たちはすでに原種である野生の動物種とは異なり、形態も牙や角が消えたり、小型化したり、毛や羽毛が長くなったり、用途に合った体つきになっている。それよりもっとも大きな違いは、人間への順化だ。おとなしく従順になり、あるいは命を懸けて主人（人間）を守ろうとする。すっかり原種の動物とは違う種族になっているのだ。

そして、彼らは人間が飼育することをやめた途端、あわれ、餌を取るすべを知らずに餓死したり、ゴミ捨て場をあさったりしなくてはならない。つまり、人間が作り出した新しい生き物であり、人間がこれからも責任を持って飼い続ける契約をした生き物なのだ。ちなみに、富士山の青木ヶ原樹海には犬がよく捨てられるが、例外なく骨と皮になって見つかる。野性に戻れるのは猫、ヤギ、トナカイなど家畜種の一部に過ぎない。

ところで、この家畜という動物種は本来、ペットでもなく工業製品でもない、独特の個性と魅力を持った生き物たちだ。これだけは飼ってみなければわからない。しかも飼うとすれば動物農場のようなスタイルがお奨めだ。現代の畜産の多くは牧歌あふれる『ハイジ』のような世界ではなく、残念ながら家畜の魅力と尊厳を奪った生産工場というほかない。

72
死ぬまで付き合う

現代は記録的なペットブームである。昔を振り返ってもこれほどの家庭で、犬、猫、亀などが飼われていた時代はない。わたしの友人知人も多くが何らかのペットを飼っているし、その話題は聞いていても楽しい。でもなかには、なぜか、うら寂しさを感じてしまうケースもある。それは飼っている行為に幸せ感が伴っていないように見える人やペットたちが増えているからなのか。やたらに擬人化した飼い方が目に付くからなのか。

でもここではそうした懸念の塵は捨ててもいい。なぜなら、我々の社会が人間だけのコロニーになってしまってみんなそれに安住してしまい、誰もそのことに疑念も抱かず、のうのうと世界を語っているようなおかしな生き物にはなってほしくないし、わたし自身、そうなりたくない。人間以外の生き物であるペットでも鉢植えの草でも、あるいは野生の草花、獣たちに関心を持ってくれる人が増えるといいなと思う。

この時代、人間が野生の世界に面白おかしく入ることはもう止めなければならないが、あまりの無関心と「可愛い！」や「気持ちわりい！」のステレオタイプな反応に埋め尽くされている状況を見ると、せめてペットでも鉢植えでもいい、「死ぬまで付き合ってみなよ」と言いたくなるのだ。

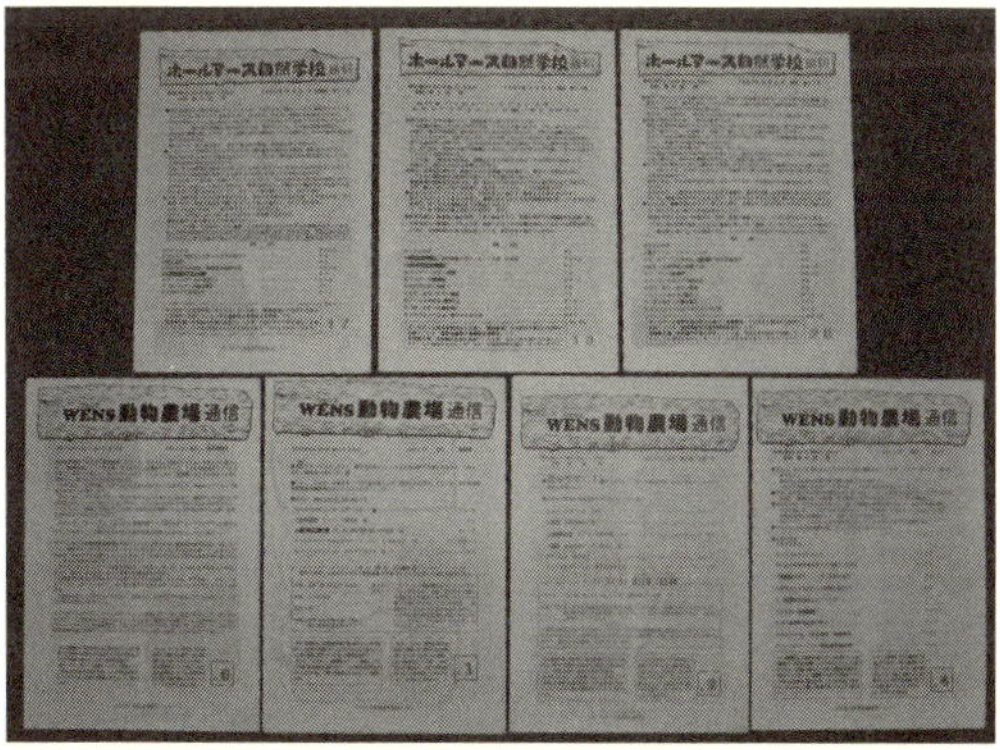

当時のホールアース自然学校の会報誌『動物農場通信』と『ホールアース自然学校通信』

第2部

アッパーの動物記「家畜と呼ばれる愛すべき仲間たち」

第1話　富士の裾野の羊飼いの巻

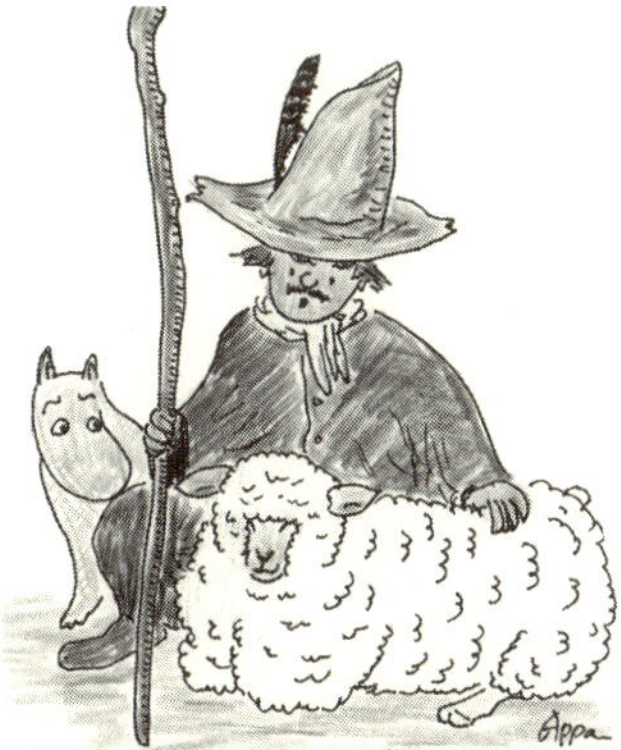

アッパーの羊飼い

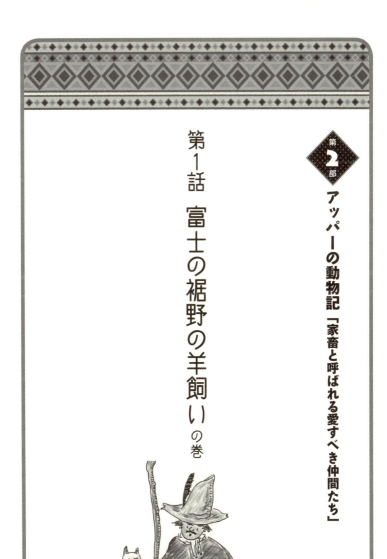

羊は愛くるしい。女性ファンも多い。

「犬を飼うみたいに羊を飼ってみたい」とのたまう人もボクの周りにはごろごろいる。

なにしろ、ワニやトカゲも飼ってしまうご時勢だ。羊ごときである。さながら毛むくじゃらのムクイヌ感覚だ。

73
若い羊飼いたち

ボクが羊に入れ込んだのは牧場を始めた一九八二年。日本で唯一の羊に関する研究と普及の場、東京にある「日本綿羊協会」や「日本綿羊研究会」といった場に、ボクはご苦労なことに時間をやりくりして遠方から新幹線に乗り、毎度、出入りしていた。

当時、ボクのように新参者の羊飼いが全国に点在していて、戦後の一時代を風靡《ふうび》した百万頭時代を担った人々との世代交代の時期を迎えていた。百万頭の羊が瞬く間に二万頭足らずになり、羊の時代は終わったと誰もが思っていた。

しかし、ボクをはじめ、国内の若い羊飼いたちは、新しい時代の予感のようなものを感じていた。

とくに北海道の羊飼いたちはサフォーク種という大型で顔と手足が黒い西洋っぽい顔つきの羊で産業を興そうと目論んでいた。もちろん、ジンギスカンの肉用である。

一方、岩手の連中は伝統的なホームスパンの土地柄だけに羊毛を使った産業を考えていた。すでに羊毛毛布を試作していた。しかし、この羊毛毛布は百万頭時代（昭和四〇年代）には全国の農家を業者が回って原毛を集め、原毛の三八パーセント分の糸や毛布にして返す仕組みがあった。そのため、この毛布だけでは新規事業とは言えなかった。それはともかく、こうした若き気鋭の挑戦者たちと丁々発止するのは、ボクをおおいに刺激した。

74 群れを作る

富士山麓で牧場仕事を始めたボクは、朝霧高原を制覇しているかのような牛飼い（酪農）ではなく、へそ曲がりにも羊飼いになろうと思っていた。目論みは当たって、わずかの頭数からていねいに増やし続けた結果、一〇倍の一〇〇頭を超え、一三六頭を数えるまでになった。

この牧場は、ボクが仕事をし始める前、牛飼いに見切りをつけたオーナーのオヤジさんが観光牧場を始めようと、北海道から二〇頭の羊を入れたものらしい。だけど、次々に死なせてしまい、ボクが来たときにはたったの二頭がいるのみだった。

「羊毛は？」と聞くと、石油をかけて燃しているということだった。餌も牛の食い散らかした飼料だけを与えていたのだから無理もない。ウシ科といっても食性が違い、他人の残飯は食わない潔癖さがある動物だ。これはヤギも同じだった。

牧場を始めたボクは、さっそく、福島県から昔懐かしい白い顔のコリデール種の羊を数頭入れた。北海道で増えつつあった顔の黒いサフォーク種は日本人にはなじまない。ボクはこのコリデール数頭をもとに繁殖をしていくつもりだった。

牛も馬もやりながら、羊に入れ込んでいたボクは、彼らを肉用には考えていなかったし、毛布を作ろうとも思わなかった。狙いは糸だった。羊毛を使った新しい展開。来る日も来る日も頭はそればかり。東京農工大学工学部の繊維博物館（現・東京農工大学科学博物館）に頻繁に出入りしては、そこで羊毛の糸紡ぎをしているグループと知り合いになり、編み物の老舗、「ヴォーグ学園」の学園長とも親しくなり、都内の織物、編み物、紡ぎ工房をはしごしながら、ボクはお目当てのものを神楽坂のある工房で見つけ出した。それはスピンドル＝コマを使った糸紡ぎだった。

75
糸紡ぎは面白い！

以前、南インドで暮らしていたときに、朝夕のお祈りの時間はみんなで絵の具箱のような手紡ぎ箱を取り出し、各人それぞれにヒンドゥーの神々を讃える歌を歌いながら木綿綿を紡ぎ続けたが、その手紡ぎを歩きながらでもできるように、心棒の長いコマを使ったスピンドル紡ぎも覚えさせられた。故マハトマ・ガンジーが二〇〇年にわたるイギリスの過酷な支配から独立を勝ち取るために、武器ではなく、数百万人ものデモ隊が非暴力で糸を紡ぎながら延々何キロメートルもの祈りの行進をした事実は有名な話だ。手紡ぎには祈りを叶えさせる力があると信じられている。家族が遠方に出かけるときに手で簡単に紡いだ糸で編んだ南米のミサンガも同様に切れたら願いが叶うと信じられている。でも、最近は絶対切れない丈夫な機械紡ぎのミサンガが土産物屋で売られている。あれを手に巻いても片思いは成就しないのだ。

ともあれ、手紡ぎにはどうも深遠なる力が存在するらしい。ボクの牧場作りもうまくいくだろう。

コマを回すと
糸に"ヨリ"が伝わり.
ワタの繊維が
つぎつぎに
糸となる。
スピンドル（紡ぎコマ）

木のスピンドルコマを使った糸紡ぎは絶対面白い！　ボクは日本でこのスピンドルにふたたび出会った瞬間、霊感的にそう思った。これで子どもたちに手紡ぎ糸を作らせよう。ついでに原毛をカラフルに染めてやれば、楽しさと可能性は倍増する。スピンドルはコマである。コマを回すと、コマの芯から延びる細ヒモもクルクルと回り、そのヒモの先に毛繊維のワタを付ければ、するするとワタから幾本かの繊維が引き出されて撚りがかかって丈夫な糸になる。ただそれだけの道具だ。そのシンプルさが面白い。

ボクが博物館などで探し出したスピンドルは石製、骨製、土製などさまざまだった。不思議と木が少ない。あまりにも当たり前すぎるからか。あるいは木では軽すぎるからか。たしかに軽いと繊維が太いままになってうまく撚りがかけられない。重いと逆に細い糸になる。だからニュージーランドの伝統的な木のスピンドルは直径がやたらデカイ。ボクはもっと小さくて、子どもたちが家でも教室でも使えるようなものを考えていた。

思い立ったが吉日。すぐに紡績のメッカ、岐阜に飛んだ。羊とともに衰退した羊毛紡績の倒産した中小企業がここにはたくさんあった。トーシローのボクにていねいに機械の働きや操作を教えてくれたオジサンはつぶれた工場の工場長。「機械もみんなやるから持っていきな」とまで言われたが、こんなデカイ機械は使えないし必要ない。でも、ドでかい機械の上で小さなコマがくるくる回って糸に撚りをかけて紡いでいくさまは、手紡ぎのスピンドルとまったく同じだ。糸作りの原理はよくわかった。ボクもしっかりお礼をして工場を後にしてきた。

さてと、羊たちの食い扶持が見えてきた。

76
羊毛を紡ぐ・染める・編む・織る・フエルトを作る・遊ぶ

その年の綿羊研究会でボクは、板を丸くくり抜いて中心に穴を開け、細い丸棒を芯に刺した自作のスピンドルとカラフルに染めた羊毛を使い、みんなの前で一本の見事な糸を紡ぎ、その糸でクモの巣型の南米の魔除けの飾り「ゴッドアイ」を作って見せた。

これは大事件だった。その場にいた多くの会員から質問攻めにあった。羊毛の新しい展開が生まれた瞬間だった。

その後、糸紡ぎ教室は牧場の目玉プログラムになり、例の神楽坂の工房からナンバーワンの紡ぎ手である女性を引き抜いて牧場内に本格的な手紡ぎ工房を建築した。さらにその後、国内各地の観光牧場で同様の手紡ぎ教室が開かれるようになり、ボクはその指導に千葉や群馬などに出向いて歩いた。羊はこうして仕事を作ってくれた。

77 羊たちのオーラを浴びる

羊飼いとしてボクはもうひとつの発見をした。分娩や病気などの羊を日常的に管理する必要から、それぞれの羊たちを日々観察していたボクは、夜ごと、仕事を終えてから羊小屋で時間を過ごしていた。

羊たちは夕方食った餌をしゃがんでゆっくりと反芻していてモグモグしている。うじゃうじゃいるオトナの羊たちの白い背中を駆け上って遊ぶやんちゃな仔羊たち。ボクは小屋の床に分厚く敷かれたションベン臭いオガクズも気にせずに、群れの真ん中にどっこいしょと座って羊を見ていると、どうも変だ。なんかしみじみしてくるのだ。羊たちの穏やかなオーラに包まれてしまったのか。昼間の押し寄せるドライブ客や親子、幼稚園などでのあわただしい牧場仕事の毎日はともすれば気

ボクのウール工房

手紡ぎコマ「スピンドル」

仔羊の保育所

持ちも疲れている。それなのに、まるで温泉にゆっくり浸かっているようなゆったりした気分になり、疲れが消えていく。

一三〇頭を超える大所帯でありながら、彼らはじっとしてあくまで静かだ。羊たちの沈黙。いや、あれは怖い映画だった。こちらは閑かだ。この不思議な落ち着き、安堵感は何なんだろうか。羊から何かが発散されているとしか考えられなかった。ところが、スタッフたちに話してもおかしがって本気にしない。みんなボクが羊バカだと知っている。友人をそそのかして同じように座らせたが、この友人は羊には関心がないので臭いよーと逃げてきた。羊たちも相手によって心を閉ざしてしまうのか、はたまた、友人が鈍感なのか、ただ、糞尿の臭いに閉口して出てくるばかりである。

誰か「羊浴」効果を研究してくれないものか。もし実証できたらさらに新たな仕事を羊が生んでくれるではないか。移動羊浴車なんて、面白そうだ。出てきた人はみんなニコニコしてるが、おしっこ臭い、なんて。

羊小屋でオーラを浴びる

78 羊の個体識別

自慢だったのは、この大きな群れのすべての羊の顔を見分けられていたことだ。同じような顔つきでもなじんでくればはっきりと個性がわかる。

通常、家畜飼いは家畜たちの個体識別にイヤータグというプラスチックの札を耳につける。それをしない羊飼いは仔羊のときに耳に切れ込みを入れてバーコードのようにして見分ける。昔は焼き印だった。ボクも最初は羊たちの毛に色をつけていたが、次第にそれぞれの羊の顔や体の特徴を覚えてしまったのだ。顔にブチがある場合は覚えやすい。鼻筋が盛り上がっているもの、目つきが切れ長で鋭いもの、耳のぴんとしたもの、腰がでかいものなどなど。つまりは人間と同じだ。みんな顔つき、体つきが違う。

ボクは羊たちに目印をつけることをすべてやめてしまった。その代わりに、自分だけがわかる相関図＝血縁図を作った。これは少しずつ増えていき、ついに一三六頭。

この相関図をもとに、近親同士が交配しないように交配カップルを決めていく。当然、このときの種オスは群れのボスにふさわしいオスを選ぶ。かくして大きな群れは、すべて親子の関係、兄弟の関係、従兄弟や甥姪などになっていく。だから、定期的に外の世界から種オスを入れてやるのだが、意に反してこいつがメスに魅力のないオトコだったりしたときもあり、発情嬢が逃げてしまうこともあった。まぁ、このあたり、ヒト族と同様である。

思い返してみると、世界各地の素朴な家畜飼いたちはみんな焼き印を付けているでもなく、群れを管理している。彼らはボクと同様、個々の羊やヤギを見分けているのだと思う。

ある朝、メスがべぇ〜っと甘く鳴きだすと発情の始まりだ。折りを見てその色気づいたメスを群れから隔離して夫役のオスを選ぶ。こうなるとオスにとっては「メスを獲得したゾ！」というプライドなどはどうなんだろう。ボクが独裁者のようにそれぞれのメスの夫を指名して決めているのだ。もっとも、当のオスはボクが彼の配偶者を選んだことなど意に介さず、嬉々としてコトに励む。

人間が羊を、毛むくじゃらの付和雷同集団としてしか見られないように、羊にとっても、周りの人間を個々に見分けわけているわけじゃない。彼らにとって餌を運んでくるヒトだけが特別な生き物で、ほかのヒト族は単に自分の周辺でうろうろ笑ったり奇声を出したりするだけの生き物でしかない。人間同士でさえ、大方は見分けのつかない同じような面をぶら下げた生き物だ。丸の内や新宿の街頭で人を観察するといい。記憶に残る顔なんてない。

誰だってみんな自分に近い仲間だけをよく識別できる習性がある。人間の子どもにとって大人はみんなオジサンかオバサンだが、同年代の子どもたちを見るときは細かによく見ている。若者も同様、自分と同じ世代ばかり見ているものだ。だから、羊の群れを個体識別できるといっても、そのこと自体に関心がない人ばかりなので、「ふーん」で終わってしまう。ボクとしては一人ひとり、いや、一頭一頭の羊について語りたいのだが誰も聞いてくれない。

79
羊vs人間のボス争い

相関図とか種付けの管理とか言っても結構、ヌケはある。それがこうした動物たちの面白いところだ。ボクはこの群れのオスの去勢《きょせい》はしなかったので、常時、ある種の緊張感が漂っていた。羊はボスがハーレムを作る動物だ。ほかのオスはボスの目の届かないところでコソコソと逢引をするしかない。なんとも身につまされる光景ではある。

当然、若く威勢のいいオスは向こう見ずになる。自分の実力も省みず、堂々とナンパを仕掛けるものだから、ボスにこっぴどくお仕置きをされる。

何代目かのボスのときである。何を勘違いしたのか、ボスになったばかりの若いオス羊はボクにやたらと突っかかってきた。なるほど、ボクはメス羊を大勢はべらせているわけじゃないけど、考えてみれば彼にとっては支配者でありボスはボクである。彼も一応、群れのボスを自認したい立場だ。その沽券《こけん》にかけて〝本物のボス〟になろうというのだった。

と言っても、ボクも負けるわけにはいかない。ボクはこの牧場で羊だけではなく、馬、牛、ヤギ、人間たちすべてのボスなのだ。羊にその座を乗っ取られるわけにはいかないし、この若いボス羊はその器ではない、とボクは思っている。

80 異種間決闘

群れの均衡は破れ、この新ボス候補はことあるごとに突っかかってきた、スタッフたちも面白がっている。もう平和は壊された。ボクも本気で彼と決闘をしなければならない。ワイアット・アープも宮本武蔵も挑戦は受けてきたのだ。動物飼いにはこうした場面があるものだ。

馬でも犬でも、向こうっ気の強いヤツとは本気で喧嘩をしなければならない。

このボス候補も威風堂々、敵ながら一〇〇キロ近い巨漢だ。油断はできない。ところが羊は悲しいばかりに時代錯誤の生き物だった。決闘のルールを頑固なまでに守り抜く彼らは、さながら古武士か中世の騎士である。ピストル持ったド新米の兵士相手に、北辰一刀流免許皆伝のサムライは刀で切り込むが、ドンと一発、簡単に斃れてしまうのだ。

羊族は互いに向かい合いににらみを利かせると、ゆっくりと後ずさりをして適当な距離を確保したのち、一気に突進してドシーン‼となる。遠くでもこの頭突き音が「ガツ〜ン」と響いてくる。なかには脳震盪（ノーシントー）で倒れ掛かるヤツもいる。

さて、ボス候補対ボクの決闘は如何に……。群れの中に入って行くボクを見つけ、奴がトコトコと小走りでやってきていきなり決闘シーンが幕を切る。

「あのねえ、それは人間には通用しないんだよ」といっても彼は意に介さない。真剣な顔つきでにらみ、ゆっくりとバックし……。

バックする彼に間合いを空けないようにボクがズンズンと近づくと、彼は必要な間合いが確保できないので困ったように、また仕切り直しをしようとする。ボクが近寄ると、彼があわてて方向を変えて仕切り直しをしてまた後ずさる。ルールが違う生き物同士というのは、かくもどちらかにとって厄介な相手である。この立派な体格の雄羊にとって、ボクはきわめて理不尽で作法知らずの相手だった。

真昼の決闘の話でいえば、羊は以上のように様式を重視した決闘スタイルだが、親類のヤギもまた、独特の決闘スタイルをもっている。ヤギは岩山などで立派な角を見せびらかしたオス同士が遠くまで響くような頭突き合いをする。この場合、脳震盪、クラクラ来たら負けである。

動物農場のヤギ族でも、種オスのきんたや若オスたちが決闘をたびたび行っている。それどころか、ヒト族のタグチくんに対して執念を燃やしてきたヤギ族の王、きんたが果し合いを申し込むところにボクは居合わせた。きんたはヤギなので羊族とはルールが違う。後ろに後ずさって突進の間合いを取るなんてまどろこしい方法は狭い岩に陣取るヤギには似合わない。ヤギ族はその場でいきなり後ろ足で立ち上がり、立派な角でどーんとぶつかってくる。でもタグチくんはヒト族なのでこの方法もとらない。きんたが後ろ足で立ち上がったまさにそのとき、タグチくんは軽くヒョイときんたの体を横にいなす。もっともバランスの悪い二本足姿勢のときにこれをやられるものだから、きんたは分が悪い。四足では力強い彼も、このときばかりは簡単に横に崩れてしまう。なんとも、ルールが違う者同士、不公平なものである。

羊の新ボスに話を戻そう。後ずさりしかできなかった不完全燃焼の彼にいつまでも付き合って遊んでもいられないボクは、さっさと彼の脇に回って背中越しに分厚い毛をつかむと、ヨイショと横倒しにして、頭を地べたに押さえ込んでおく。何度か繰り返すと、ようやくこのアホな新ボスも力関係を悟り、逆らわなくなってきた。「ヒト族はこんなアンフェアなことばかりしていていいんだろうか」と一瞬、頭をかすめるが、この際、許してもらおう。ヒト族は角も牙も爪も強力な蹴り足もないひ弱な生き物なのだ。

羊との思い出は山ほどある。

イギリスの作家、ジョージ・オーウェルが一九四五年に書いた寓話小説『動物農場』では羊は右往左往、ベェベェ鳴くだけの間抜けな存在だったが、いざ飼ってみて一頭一頭の個性を知ると、切れ者もお人好しもいて面白い。本当に味わい深い友となった。ペットとして飼うとどうなのかは知らないが、魅力的な連中であることだけは確かだ。

もし、この本を読んで飼ってみたいと思う人がいたら、羊の入手方法については全国各地、少数ながら今も飼っている人がいるので、それを調べて問い合わせをするといい。通常は一頭五千円～五万円程度だ。一頭から毎年約三キロのウール原毛が収穫でき、ひと家族分くらいのセーターやマフラーは供給できる。でも、群れを作る習性なので、複数頭で飼ってやりたい。それに手紡ぎはぜひ覚えた方がいい。ボクは小学生たちにでも三〇分でマスターできるように教えている。包丁を二枚重ねたような専用毛刈りハサミも必要だ。これも三千円程度からある。毛刈りと洗毛、そして手紡ぎ、好みによって染色。それと編み物でも織物でもやる気さえあれば自由自在。何でも自分で自給できるのだ。こうなれば、ペットを超えた付き合いになるだろう。

ボクは広い牧場で大きな群れに育てた思い出深い生活を離れて、動物農場ではごく少ない一〇頭に満たない羊を飼うばかり。毎年年末に行っている謝肉の日に一頭、屠る。春には仔羊がまた生まれる。小頭数の循環だ。おいしく食べてやりたい。

第2部

アッパーの動物記「家畜と呼ばれる愛すべき仲間たち」

第2話　羊のパピヨンの巻

81 羊牧場

富士山麓に居を構え、自宅では動物農場、富士山西麓の朝霧高原では牧場長という動物三昧の生活を始めたボクは、本州最大の酪農地帯で牧場だらけの朝霧高原のはずれで、ここの誰もがやっている牛飼い牧場（酪農）をやりたいとは思っていなかった。ボクが腹に決めていたのは羊だった。いずれひつじ牧場として知られるようにと考えていた。

牧場作りの日々は、本書の第2部「長いまえがき」に書いた。無我夢中の毎日が過ぎてみると、いつしか、スタッフも大家族となり、分娩、育成、放牧、種付け、そして毛刈り。その毛を使った紡ぎ、織り、編み物と、一連の工程を生産し、体験できるような工房も生まれた。「チームひつじ」の出来上がりである。

82 羊の毛刈りチャンピオン

羊も数が増えて最大時一三六頭にまでなったが、相変わらずボクは羊三昧。

五月連休がピークになる毛刈りのシーズンは、毛刈りショーで忙しい。この毛刈りは東京の綿羊研究会で知り合った東北の羊飼いから教わったが、包丁を二本重ねたようなデカイ専用はさみでジョキジョキやるのはダイナミックだった。馴れないうちは刃の全体を使えずに先だけでチョキチョキとこじんまりやったりしたのだが、うっかり皮を切ってしまうとドキン！となってしまう。なにしろ赤い肉が見えてしまうのだ。ところが意外と当の羊は痛がっていないし、血も出ない。調べてみたら、羊の皮下には神経網があまり張り巡らされていないようだ。オオカミなどの天敵に襲われたときに爪や牙を立てられた背中の皮を剥がして逃げるのだとか。これはウサギも同様らしい。なんとも弱肉強食の幾千年、幾万年を生き延びてきた進化というか知恵というべきか。といってもボクの未熟な腕前を免罪できるわけではない。

ということで、毛刈りに励むうち、ＴＶで実演したり、各地に呼ばれて実演する機会が増えた。褒められれば図に乗るボクだ。腕前はグングン上がり、大きな羊を丸々一頭、六分で刈り上げるようになった。もちろん、刈り取った羊毛はバラバラにせず、一枚の毛布のようにつながっている状態に仕上げる。フリースと呼ばれるやつだ。こうしていつしかボクは羊の（ハサミによる）毛刈り日本チャンピオンになってしまった。

83 羊毛洗うと魔法の液体ラノリンがいっぱい

桜が散る頃から毎日、毛刈りが延々と続く。仕事の合間にやるために刈りきれずに連休を越してしまうと、床屋に行きそびれた羊たちは本来、冬毛である羊毛をヒフから落とし始めるので、まるでボロをまとったような、みすぼらしい姿になる。倉庫には大きなビニール袋や飼料袋が原毛を詰めてたくさん転がっている。これを秋までかけて洗うのだ。この作業も大仕事。羊毛は手荒に扱うと硬く縮んでフエルト化してしまう。

洗うときに出るドス黒く臭い洗い水は、ナント女性たちの化粧品に欠かせないラノリンの溶液でもある。その昔、イギリスの片田舎の羊飼いたちの奥さんがみんな美人揃いで評判だった。それを調べてみたら、羊の毛の油脂（ラノリン）が肌をつややかにさせる働きを持っていることがわかった、という故事がある。羊の毛を守るラノリンという油脂は、現在では口紅やスキンクリームの原料として大手化粧品会社が買い付けるのだが、ボクの牧場にまで営業には来てくれないので、残念ながら捨てるしかない。誰かこの臭い液を欲しがる人はいないだろうか。美人になれるのに。

84
脱走名人パピヨン

こんな羊三昧の日々を送っていたボクの頭を悩ませる一頭の羊がいた。

その羊は脱柵を覚えてしまって柵のどこからでもピョーンと軽く飛び越えてしまう。

それはそれでけっこう面白いのだが、厄介なことに柵の向こうには、ある婆さんの耕作している畑があって、なかなかの剣幕で叱られることたびたびだった。

この羊はメスで三歳。その年に初産をしたばかりだ。

そもそも羊は群れる代名詞のような動物で「群」という字も「羊が集まる」という漢語からきている。当然、単独行を好む羊なんて異端中の異端となる。

彼女が飛び出す、ボクらが追いかけるという繰り返しの日々で、いつしかボクはその羊に映画の題名を取って「パピヨン」と名付けた。そうして風変わりな付き合いが始まってみると、パピヨンはなかなかの美女である。目つきは少々キツイものの、見方によっては切れ長の整ったマナコと言える。鼻筋もよく通っている。もちろん動作は敏捷で肢体もスラリとしているところは美女の条件にかなっている。

パピヨンとボクは好敵手となって互いに火花を散らせたが、そういう仲に相通ずる一種の友情のような思いがボクに生まれたこともここで白状しておこう。

畑婆さんのたび重なる苦情というか怒声に恐れ入って、パピヨンを小屋に閉じ込めたり、足を柱につないだりと、あれこれして、パピヨンには苦痛を強いてしまった。でも監禁期間を終えて自由を得られると、すぐまたピョーンと、さらなる自由の世界へ飛び出してしまう。

パピヨンは柵の外に出ても畑に一目散に行くわけではないのだが、苦情はそんなことにはお構いなしに「いい加減にしろー！　バカヤロ！」と怒られる。

よだれの出るような青草を求めているというよりも、ボクら人間＝管理者に対して不服従の意思を突き付けているのか。それほどまでに徹底した抵抗の意思を感じた。

しかし、いったん捕まると何の抵抗もなく、じつにおとなしい。まるでゲームのような捕物帳だ。

捕らえたパピヨンを小屋に閉じ込めるところは、看守が脱走囚を懲罰房に放り込むのとよく似ているが、ボクは看守になりたくはないし、パピヨンも囚人ではない。

85 消えたパピヨン

どうにも言うことを聞かない、思い通りにならない、切れ長の眼をしたしなやかな雌羊は散々ボクらを悩ませた挙句に、ちょうど、羊を買いにきた東京国立の乗馬クラブのオーナーに、これ幸いと譲り渡してしまった。

あとには羊らしくおとなしい従順な群れが残った。

パピヨンを失って初めて、ボクは彼女の存在が羊たちの群れに大きな魅力を与えていたことを知った。個性豊かではっきりした意思を感じさせたパピヨンはどこでどう暮らしているのだろう。

ボクは(ヒト族じゃなかった)美しい乙女たちとの日々を折りに触れて思い出す。それは、体中で動物と付き合っていた日々への郷愁でもある。

「家畜」という野生とは違う個性と独特の世界の動物たちに深い思い入れを持ったボクはその後、「観光牧場」という仕組みに強い疑問を感じて、足を洗った。

観光でもなく、畜産工場でもなく、ペットでもない当たり前の付き合いを求めて古巣の動物農場にどっぷり浸かってもう幾年も経つ。

第2部

アッパーの動物記「家畜と呼ばれる愛すべき仲間たち」

第3話 美しき牛の花子の巻

雌狐《めぎつね》、雌鹿《めじか》、雌豹《めひょう》というと、いかにもしなやかでスラリとした美しい獣という感じがする。

でも、雌だぬき、雌ぐま、雌猪《しし》という表現にはあまりお目にかからない。

むしろ、母……と付けたほうがしっくりとくる。ずんぐりして、重そうで、そこはかとない母性的なイメージのする動物というのはいるものだ。

声を大きくして、「人間もそうだ！」とは言わないが、きっとそうだ。

そちらのほうはさておいて、今回の話も「雌牛」の話である。ボクの心に今も残る「美しき乙女たち」について語ろう。


動物の世界でメス♀は繁殖を最大の目的としているので、着飾ったりウィンクしたり、若さと美貌を謳歌したりということよりも、安産型で、目立たず、外敵にも狙われにくいことが重要となる。ましてて家畜ともなれば、〝丈夫で長持ち〟か〝早熟で多産〟、あるいは〝子育て上手〟といった特質だけが必須の条件となって、それ以外の〝美人・可愛い・セクシー〟なんていう♀の別の特質はすべて淘汰されてしまう。それでもモテるメス♀というのはいるもので、オス♂の特質は種を超えても変わらないようだ。

ちなみに、色彩鮮やかで可憐な小鳥たちや、飾り毛で装った動物というのはほとんどがオス♂である。彼らはメス♀を獲得するためにより目立ち、より闘わねばならない。だから自然界ではオス♂の寿命は短い。メス♀は地味な本質に徹して着実に出産、子育てをする。動物を知れば知るほど、人間界の女性とはナント、動物界の摂理を踏み外し、本質を糊塗《こと》して化けるものであるか、また、男たちはなんと彩りに乏しく、闘いも忘れて魅力に欠けることかと思う。これは文明のもたらした一種の生物進化論だ。

昔はよかった。ずーっと大昔だけど。

86
乳しぼり体験の人気者「花子」

牧場時代、ボクはホルスタインの乳牛も一二頭飼っていた。

中途半端な頭数だし、コストのかかる自動搾乳機「ミルカー」を使わずに昔ながらの手しぼりでしぼっていた。こいつはかなりの重労働。人間の倍、四つあるオッパイを二、三頭しぼれば二の腕はパンパンになる。これを一二頭だ。握力が鍛えられたなぁ。

真冬に北海道から孕《はら》みの初産牛をブローカーに頼んで連れてきてもらう。

彼女らは春先に次々と出産して、晴れて〝乳牛〟となるのだ。牛はメスなら自動的にオッパイを出すと思っているヤカラが多いが、天下の〝哺乳類〟をナント心得ているのだろうか。牛はレッキとした生き物なのであってミルク機械ではない。子を生んで初めてミルクが出るのだ。

仔牛は生まれてすぐに母牛から離され、人工哺乳で育てられる。いかに牧歌的なイメージがあろうと、酪農には仔牛と母牛が共にたわむれるということはない。母の乳を一度もくわえることがないのが乳牛の宿命。まぁ、牧歌ではない哀しい現実だ。

母牛は産後少しずつ乳しぼりにならされて、穏やかに搾乳《さくにゅう》できるように牛飼いとの絆を強める。もちろん、性格はさまざまなので、神経質に足蹴りを繰り返すのもいればおおらかで泰然としたものもいる。神経質な牛が多い年はこちらも少々、気合を入れて乳をしぼる。本気で蹴られると、骨が折れるほどのダメージを受ける場合もある。だから蹴られないように牛の後肢、ひざ頭の位置に、頭をグッと押しつけて足を上げられないようにしてしぼる。そのうちに敵もあきらめておとなしくなっていくし、パンパンに張った乳をしぼってもらうと、楽になることも覚えるのだ。

幼稚園児などに乳しぼりを体験させる役の牛は、姿かたちがよく、乳も張っていて、おっとりした牛が選ばれる。それ以上に絶対蹴らないという牛を選ばねばならない。なにしろチビッ子どもは牛の腹の下だろうがお尻まわりだろうがどこにでも入るし、べたべたと触りまくる。少々おとなしいくらいの牛だと我慢ができずにボンと蹴る場合もある。オモチャしか知らない良い子の坊っちゃん、嬢ちゃんが牛に蹴られたりしたら怪我がなくても全国ニュースになりかねない。

花子と名付けられたこの牛は、黒い鼻筋に白い線が形良く入った〝眉目秀麗〟。目元は長いまつげにふちどられ、見ていてほれぼれするような美しさだった。

頭もよく、ボクの言うこともよく理解して、こうなると〝猿回しの次郎〟じゃないが、ふたりしてどこか村でも回りたくなってくる。

のちに大所帯となった我が観光牧場も、当時はボクと手伝いのオジさんくらいだったので動物たちとの結びつきはきわめて強かった。春から秋にかけての行楽シーズンに多くの子どもたちの手で乳をやさしく出してくれた花子は文字通り人気者だった。

彼女も牛舎から子どもたちの群がるさく乳場へ出てくるときは心なしか嬉しそうな足取りも見せた。人とのスキンシップをとても喜ぶ雌牛なので、近所の酪農家も感心するほどだ。なにしろ、体がつややかで肌の張りがよく、鼻筋がキリリとして美しい。

異種間の恋? ボクはブラシをかけたり、足を洗ったり世話をしながら見惚れることもたびたびだった。

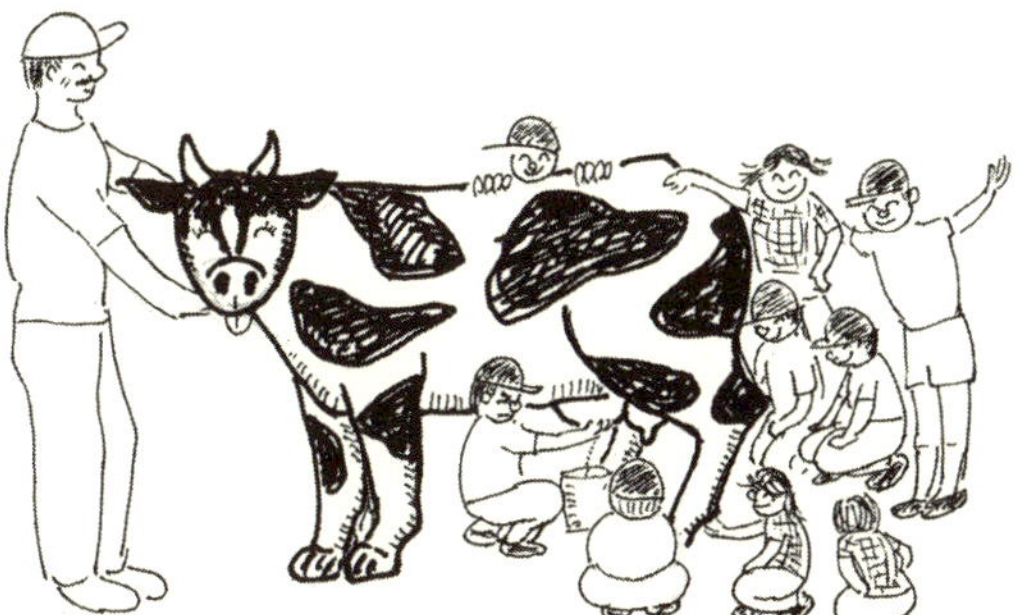

花子の乳しぼり

87
乳しぼり体験の牛の運命

別れのときがきた。

紅葉も散り、師走が近づくと、観光牧場もオフシーズンとなる。早春から搾乳してきた雌牛たちも、乳量が落ちてきて、乾乳期となり、夏前には種付け(人工授精)も済んでいるので、春となる二、三か月後の出産に備える。乳しぼりの実演も幕を閉じた。

観光牧場であるがゆえに、ちょうど一年前、北の国から連れてこられた雌牛たちは、年末を前に市場に出荷されて、新たな飼い主の元で乳牛人生を送ることになる。

花子は、しかしそのような未来とは違う運命が待っていた。

乳しぼりの実演を初産の時からやらされた牛はもはや、乳量が少ない体質になっており、そうでなくとも乳房炎という慢性的な乳房の病気にかかりやすくなっているために、乳牛としての資格がないとみなされる。

つまり、彼女は日本中の観光牧場で幾世代も続いてきた先輩たちと同じく、屠殺され、肉となる。霜が張りつめた寒い朝、トラックが迎えにきた。次々と雌牛たちは、業者にひかれて乗り込んでいく。

最後に花子が連れてこられる……が、どうしたわけか、もっとも人なれしていたはずの花子が、頑として動かず、業者が声を荒げている。応援を求められたボクは花子の元にいき、いつものように首筋を撫で、「おい、行くよ」と声をかけた。

なんでボクは花子を手放さなきゃならないんだろう。新米牧場長のボクをサポートしてくれた周囲の牧場の大先輩たちが当たり前だというように口を揃えるからだろうか。「畜産というのはそういうものなんだよ」という爺さんの言葉かボクの心の言葉か、わからなかった。

ボクは大事なものを失おうとしていたのだ。

花子は黒い大きな瞳でボクを見つめていたがやがて歩き始め、おとなしくトラックに乗り込んだ。花子の最後の姿も美しかった。

第2部

アッパーの動物記「家畜と呼ばれる愛すべき仲間たち」

第4話 ウマ・うま・馬の巻

ボクと動物たちとの付き合いは古い。なにしろ生まれた家が動物園のすぐ脇のようなところだったから、サル山の猿、象、放し飼いの孔雀など顔なじみだった。けれども当時のその動物園には馬とか牛、ヤギといった家畜たちはいなかった。いたのはみんな日本産でも外国産でも野生の王国からやってきた動物たちばかり。

88 町で働く馬

その頃の馬は、吉祥寺の町なかを荷車を牽いて人間の出した汚わい（オワイ＝大小便）をオケにたぷたぷと汲んでは家々を回っていた。ボクたちガキどもは独特のその臭いに気づくと、大きな馬のそばに走りよっては、飽くことなくそのゴツゴツしたでかい体、長い毛の束の尻尾、馬面を穴が開くほど見つめていた。

馬は農耕馬で四輪に改造した大八車を牽いて荷運びなどの仕事をする動物だった。馬方であるおじさんは近所の農家の人。家々を回って便所（昔は「ハバカリ」といったものだ）の外口から汲み取りをしてくれ、そのうえ、なにがしかのお金を置いていくのだ。こうして集めた汚わいは畑の隅にある肥溜めに堆肥として補充される。畑の香りといえばこの肥溜めが臭い発生源だった。当時は農薬や化学肥料もなく、畑の一角には必ず肥溜めがあり、誰もその底知れぬ深さを確かめたものはいないのだった。

子どもたちはいちばんあってはならないことを夢に見る。男の子だったら一度は肥溜めに落ちる夢を見たものだ。が、畑から肥溜めが消えたのはいつのことなんだろう。気がついたら町を歩く馬もろとも見事に景色から消えていた。代わりに猛烈な農薬と化学肥料の時代がやってきて、畑の土臭い野菜たちも胴長単足ではなく青い目と金髪が似合う別物の野菜に取って代わられていった。

89 世界は冒険に満ちていた

わらわらとどこにでもいたガキンコたちが遊びに夢中だったあの頃、世界はとても魅力的で冒険に満ちていた。

町の路地には江戸時代から変わらぬ天秤棒をかついだ魚屋さんが平たい桶を降ろすと、買い物籠や皿を手にしたおばさんたちの注文に応じて、江戸前の魚をその場で二枚、三枚に下ろしていた。この手捌《てさば》きは見飽きなかった。紙芝居屋は二、三人が縄張り争いをしているのか、ときどき、かち合ったりしていたが、おじさんによってはうまかったりへただったり、がめついオヤジもいて、五円菓子を買わないと追い立てられた。

お金がないボクらは怒られない程度の遠くから紙芝居を楽しんだり、材木置場を秘密基地にしたり、あちこちの鉄条網に囲まれた広っぱなどの世界を走り回って過ごしていたし、馬はその冒険に満ちたリアルな世界で出会った巨大な生き物だった。乗っかるなんて思いもよらなかった。その頃は観光牧場なんてどこにもなかったのだ。

中学のとき、東京・世田谷のイトコの家に遊びに行ったおり、家のすぐ脇にあったのが馬事公苑。そこをぶらついていると、たまたま馬を牽いて通りかかった調教師のオジさんが、「乗っけてやるよ」と声をかけてくれたのだ。生まれて初めての馬の背中は、高いハシゴに登ったみたいだった。馬に乗ったことのある少年なんて、ボクの周辺には誰もいなかったので、ボクは鼻高々で、その後しばらくは胸が膨らみっぱなしだった。

90
汗血馬

乗馬のマネ事をしたのは、そのズーッと後の事。一九七八年、シルクロードの旅でたどり着いたアフガニスタンのバーミアンの谷で、遊牧民の国技「ブズカシ」競技のさなかにチャンスは訪れた。首を切り落とした仔羊を手づかみで奪い合う勇壮な騎馬戦に出場できるのは、アフガンの少年の憧れで、子どもたちはウットリして傷だらけの選手たちを取り囲んでいた。何で傷だらけかというと、接戦になるとムチで互いに叩き合うのだからたまらない。顔も背中も胸も傷だらけとなる。

その馬は、かつてアジア大陸を制覇した汗血馬の子孫だ。幾日もトーナメントが行われ、人も馬も傷が増えていく。そんなときに、遠い異国から流れてきたボクに、遊牧の民が顔に似合わぬやさしい声で乗馬を勧めてくれた。

風の唸りが耳をかすめる疾風の走りはイキナリ始まってしまった。わけもわからずしがみついていたボクは怖さよりも「スゲェ！」といった衝撃の方が大きく、興奮が体を走り抜けた。

「馬ってこうなんだ！」

中学のときに動かない馬にまたがったときとはまったく違う生き物に出会ったような気がした。

帰国してのち、富士山麓で牧場の仕事をやり始めてから、馬はボクのいちばん親しい動物となっていった。新馬の調教、駄馬の訓練、売ったり買ったりの駆け引きにも、馬を見る眼は養われていった。独学で始めた馬の新米調教師も、素晴らしいと思える馬と出会うと、一流の調教師気分が味わえる。

自分の意思が馬の意思となる馬上の時間はいちばん大切なひとときとなる。パドック（馬場）を出て、森や野原のめぐり歩きは最高だった。森の小道は馬上だと枝がつねに障害物になるがこれを除けながら体を横に倒し、前に寝かすことが馬上体操となってバランスも鍛えてくれた。

91 アーサー

多くの馬たちがボクと濃密な時間を共にした。最初にここに紹介したい馬はアラブ種のアーサーだろう。牧場時代のもっとも古い同僚で元満州の騎兵だった爺さんによると、アーサーではなく「あさ」だという話だが、現代人にとってはアーサーの方が格好いい。黒馬っぽい栗毛で姿も美しかった。

牧場に流れてくる馬はほとんどが競馬上がりだ。競馬ウマは軽種といってサラブレッドやアラブ種のすらりとした足の長い馬のこと。もうひとつの特徴は興奮しやすいことだろう。馬の興奮度は鼻でわかる。鼻腔が大きく開いて毛細血管が充血するので鼻の穴が真っ赤に見える。またがって膝を締めるともう収まりがつかない。真っ赤な鼻の穴を大きく開いて体中の筋肉と神経を緊張させる。手綱を気持ち緩めて腰を前に動かせばいきなり猛ダッシュだ。

アーサーはこうした走りをよくやる典型的な軽種だった。でもたぶん、満員の競馬場ではあがってしまったのか、多くの同じ運命の仲間と共に競馬場から出されたのだった。こうした競馬落ちの馬は肉になる運命だが、軽種はサシが少ない赤身なので安く取り引きされて一頭一〇万円台。これに乗馬仕込みができていると三~四〇万円。競馬の現役なら一〇〇〇万を超えて取り引きされるのに……。

馬くらい天と地の運命がわかれる動物も少ない。肉になるのを免れたわずかな仲間は引き馬と呼ばれる仕事馬となり、お客を乗せてトボトボ歩く観光乗馬に売られていく。アーサーはそうした一頭だった。でも往年の走りは体が覚えている。柵に囲まれた引き馬コースから出してやると一気にやる

乗馬教室でコーチする私

気満々。牧場の山道も草原もひとっ走りで走り抜けてしまう。この走りはアーサーだけでなく、ボクにも大事なレクリエーションだった。多忙で観光疲れした牧場仕事のストレスは、アーリーと一緒にこの走りで吹き飛ばしていたのだ。

馬は世話をすればするほどそれに応える動物といわれているが、アーサーも頭の良さは折り紙つきだった。乗馬教室で子どもを乗せても初心者のおばさんを乗せても、じゃじゃ馬にはならずに辛抱強く耐えてくれる。引き馬では首を垂れた駄馬にはならず、プライドを持って頭を上げて同じコースを延々と歩く。そして夕方、人がいなくなった牧場をボクと共に疾駆した。

乗馬教習　アーサーとアッパー

92
駄馬のリュウ

アーサーと一緒に牧場に来たのがリュウという名のサラブレッドだった。彼はおそらく競馬落ちからだいぶ日が経っていて、観光引き馬生活も長かったに違いない。とにもかくにも駄馬だった。どうして買ったのか、馬担当の爺さんに聞いても要領を得ない。ちなみにそれ以降はボクが売買を

93 博労から馬を買う

担当した。つなぎ場につなぐとすぐに「グイッポウ」を始める。グイッポウとは、前歯を柵にかけて体を後ろにそらして空気を飲み込む癖のことだ。こいつをやると疝痛といって馬独特の腹痛を起こす。それをやらないときは立ったまま居眠りで、ときどきひざをガクンとやって驚いて目を覚ます。やれやれ。

あるとき、早朝の牧場に擦り傷をいっぱい負ったリュウがヨロヨロ戻ってきた。幸い重症ではない。一体どうしたことかとみんなで調べてみたら、目の前の国道に車のフロントガラスが砕けて割れたライトが落ちていた。リュウの毛もあちこち落ちていたことから、牧場を脱柵して国道を歩いていたリュウがここで車にはねられたことは明白だった。

よく無事で帰ってきたものだ。脱柵も初めてだった。頭がおかしいかもと思っていたリュウが実は周到に自由への旅を計画していたなんて、妄想だろうか。なにがリュウを駆り立てたんだろう。ともかくリュウは相当の努力で牧場を飛び出したのだ。

それにしても車のほうも大怪我だったろうな。だけど、馬をはねたとなると数百万円の賠償が！とドライバー氏の頭をかすめ、あわてて満身創痍の車を走らせて逃げたに違いない。前方不注意とはいえ、急に横っ飛びをするリュウの予測不能の動きを知っているボクとしては、むしろ車が被害者だったとも思えるのだが。

こうした軽種だけではない中間種と総称される馬たちが各地の乗馬クラブで人気となり、ボクも中間種の馬を当時、馬のメッカともなっていた山梨県小淵沢の牧場から三頭買ってきた。西部劇でインディアンが乗る白と茶のブチの馬だ。おとなしいのが特徴の中間種だったが、これが曲者だった。

まぁそもそも、使えるいい馬を売りに出す奴はいないので、癖馬をいかに名馬の装いで売るかに博労《ばくろう》の腕がかかっている。博労という言葉自体、知らない人が増えたので解説しておこう。動物を売り買いするブローカーのことである。農民など素人相手に言葉巧みにときにはハッタリも効かせて駄馬、駄牛、駄豚などを高く売りつけるので、かたぎの人々からは煙たく見られているが、彼らに頼らなくては馬も牛も豚も手に入らない。まぁ、ボクも動物を多く売り買いしていると博労の世話にもなるし被害者ともなるのは宿命のようなもの。

94 シャイアン

値段がいちばん高かったシャイアンと呼ばれた馬は一見、若いし姿もきれいでおとなしく、扱いも良さそうだった。ボクが乗ってもハミ(口に噛ませる手綱につながる金具で、いわば操縦桿。良馬はわずかに動かしても感覚が鋭くて、すぐ反応するが、駄馬は手綱を大きく操作しても反応鈍く、扱いにくい)は固いもののの、一応、言う通りに走りも操作もできる。ところが、明らかに素人がまたがると頑として言うことを聞かず、その次にはボンとはねて背中の人を落とす、というロクでもない癖がある。こいつを治すのが大変だった。

若くてまじめなインテリのムラカミくんが本人の希望もあって馬担当だったが、彼の努力は涙ぐましいものだった。彼の理論によると、何よりも動物との信頼関係の構築が大事だという。ウンウン。見てる方が恥ずかしくなるほどやたらにシャイアンの体を撫で回す。たしかに馬はブラッシングをとても喜ぶ。毎日、パドック（運動場）ではムラカミくんがシャイアンとロープでつながっていろいろとやり取りしている。でも、やはりシャイアンの悪い癖は直らない。

ついにムラカミくんはシャイアンの馬房に寝袋持ち込んで一緒に暮らすことまでやり始めた。恋人がいない彼だからできる技ではある。馬の蹄鉄を事故除けに車につけるお守りがあるように、通常はけっして異物を踏まない習性があるので、寝てる人を踏んだりしない。でもまぁ、よくそこまでやるねと口に出かかったが、彼の理論にケチをつけることは控えよう。

95 ネクラ馬のロデオ

シャイアンは有り体《あてい》に言えばネクラな馬だった。眉間に縦ジワがあるので、なんか苦悩を引きずっている顔に見える。そういえばムラカミくんもネクラだ。ある朝、「もっと爽やかな顔で出勤しろ」と言ったことがあったが、よく見れば、彼は毎朝、車中で中島みゆきを聞きながら出勤してくるのだった。たしかに暗い顔になるのも無理はない。ネクラコンビでどうなることやら。ともかく、彼が「やりました！　シャイアンがちゃんと言うこと聞きます！」と言ってきても、それはつかのま、すぐにはねてしまう。

ボクも腹をくくって、これが最後のチャンスだぞとシャイアンに言い聞かせてまたがった。これまでも癖馬や新馬の調教は我流でやってきたが、その手法は徹底して乗りこなすことだ。

シャイアンは果たして、やっぱりというか、今回は何の躊躇もなく、ボクが乗ってもバンバンはねやがった。まさにロデオだ。しまいに強く締めた鞍も横ずれしてきた。癖馬は鞍を締めるとき息を吸って腹を膨らまして、ルーズな鞍にしたがる。頭はいいのだ。

鞍が横にずれてボクは横に落ちかかってしまったが、それでも首に抱きついて落ちない。するとシャイアンは猛ダッシュをし始めた。明らかにボクを振り落とそうとしている。コノヤロウ！　タテガミつかんでシャイアンの横腹に張り付いたようにピッタシつかまるボクを乗せたまま牧場を散々走り回ったシャイアンは最後に自分の馬房に猛スピードで飛び込んだ。ボクは最後まで落ちなかった。この勝負はボクの勝ち。普通ならこれでじゃじゃ馬もおとなしくなる。でもシャイアンはそうはならなかった。

馬場で乗馬教室に使おうとすると、ボンっとはねてお客を落とす。ついにムラカミくんを説得してシャイアンを手放すことにした。ボクは博労ではないので「いい馬だよ」と騙すことができない。癖馬であることを告げて安値で手放した。どこかの乗馬クラブに買われたか、馬刺しになったか。

シャイアンはいっとき、我が牧場の話題を一身に集めた風雲児であったことは確かだった。

第2部

アッパーの動物記「家畜と呼ばれる愛すべき仲間たち」

第5話　誇り高きオンドリ物語の巻

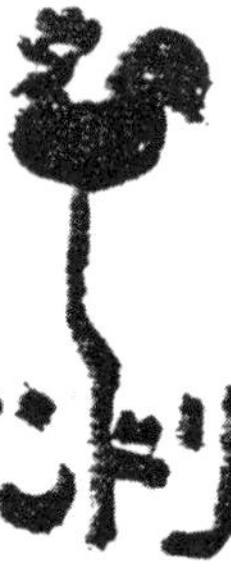

①オンドリ物語

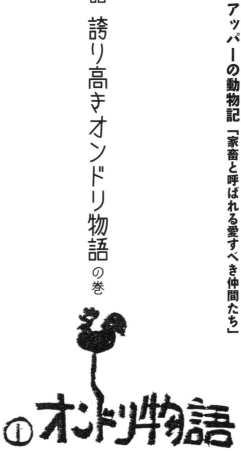

ずいぶん以前に、新聞の広告欄に載った文章が忘れられない。それは、北海道のある農家に飼われていた鶏の一族に起きた事件についてだった。

96 ある物語

冬の夜、鶏小屋を襲った悪夢は、夜が明けてから家の人に発見された。小屋の中には羽が散乱し、金網が破られ、雄鶏のボスがいなくなっていた。厳しい寒さの季節に腹を空かせたキツネが鶏小屋を襲い、ボスを喰わえていったことは明らかだった。ボスは一族の鶏たちを守るために、舌なめずりするキツネの前に飛び出して絶望的な戦いを挑んだのだ。

その小屋には、キツネに食われたボスのほかに六羽のオンドリとたくさんのメンドリがいた。死んだボスのあとがまにNo.2のオンドリが納まって数日が経った。

温かくおいしい血と肉の味を覚えたキツネはまたやってきて、簡単に金網を破り、暗闇に目をふさがれた若いボスの必死の挑戦はたやすく組み伏せられ、喰わえられて行ってしまった。No.3、No.4……。次々と新たなオンドリたちは戦いを挑み、そして喰われていった。

さて、とうとうオンドリは最後の一羽になった。農家の主人は頭のいいキツネになすすべもなく、今夜は一体どんなことになるのだろうと考えていた。というのは最後に残ったオンドリは痩せてみすぼらしく、メンドリたちからも相手にされない、貧弱ないじめられ鶏だったからだ。

弱虫の彼は、その夜、自分しか雄が残っていないことをよく知っていた。血のヨダレをしたたらせた殺りく者が、網をがりがり壊して侵入をはかり、メンドリたちが恐怖の悲鳴をあげた。絶望の嘆きが沸き起こったとき、彼は、暗闇の中でメンドリを喰わえようとしていたキツネに体当たりをしていった。

翌朝、農家の家族は、鶏小屋で起こった惨劇のすべてを理解した。一羽残ったみすぼらしい雄も、自分たちの一族を守るために、最後のボスとして自分の痩せた体を投げ出して死んでいったのだった。

97 誇り高き雄鶏たち

この話は本当にあった事だとボクは思う。うちで鶏やチャボを飼い始めてもう長い。それはオンドリたちとの付き合いの日々だったといっても良い。

彼らは外敵に対してときには命をなくすこともいとわず、家族を守る。そうかと思えば、時代遅れに思えるほど紳士的で、雌たちの世話を焼き、家族思いである。つまり、身につまされる種族なのだ。

動物たちには、よほどの場合以外は〝ボス〟という仕事を持つ雄がいる。鶏という種族は雄の性が原種からさして改良されていないためにとくにこのボスの力が大きい。

初代のボスは、うちで「オトーチャン」と呼ばれていた。文字通り、アダムであり、ピヨピヨ、コッコしている群れの父であった。ボクが帰国して富士山麓に住処を決めて日も浅いある日、まだ自宅を動物農場と名付ける前から、動物を飼いたいという強い思いを抱いて車を走らせていたときに、ある農園のチャボ小屋を覗いて声をかけたところ、そのうちの一羽をわけて貰えることになったのだった。正確に言うと、雄鶏と雌鳥を一羽ずつ頂けた。アダムとイブとなったこのつがいからヒヨコが産まれ、我が動物農場で最初の見栄えのあるファミリーになっていった。

ところでヒヨコはすぐ大きくなり、若いオンドリは父であるオトーチャンに血みどろになるような戦いを挑む。

これには少々頭を抱えて、ついに、オスの若鶏は屠殺して食うことにした。このとき、人にやるとか野に放つという選択をしなかったことが、その後のボクの牧畜人生を決めたと言える。

98 牛若丸と弁慶

闘争心の並外れて強いのが鶏族だ。軍鶏なんて名を付けられる種も出るくらいだし、闘鶏は世界中で今も行われている。ときたま、動物農場に捨て鶏のオンドリが紛れ込んだりすると、庭先はローマのコロシアムのような決闘場となり、ミーハーなオトーチャンファンのボクは固唾を呑んで死闘を見守るのだった。もちろん手出しするような卑怯なボクではない。なにしろ、オトーチャンはチャボだったが、連戦連勝で、闘いのあとの「コケェコッコー」と勝どきをあげる姿はホレボレするほどなのだ。

その頃、動物農場にはオトーチャンを強く意識しているオンドリが二羽いた。横縞模様のプリマスロックと、金の首毛が美しい名古屋コーチン。重戦車のような体躯でオトーチャンの倍はある。どちらも自分のファミリーを率いているのでボス同士だ。だからかち合えば大変な決闘になる。大きさは違ってもみんなかっこいい惚れ惚れするボスたちなのだ。ボクはプリマス一族とコーチン一族をそれぞれの群れごとの小屋に入れていて、注意深く無用なトラブルを避けていた。

ある日、チャボ組が遠くの草っ原に行って留守のとき、ボクがプリマスファミリーの運動をかねて外に出してやった。ところが、そこにオトーチャンが戻ってきてしまったのだ。

武蔵と小次郎のように、いや、牛若丸と弁慶のようににらみあったふたりは、頭を低く構えてエリマキトカゲのように首毛を逆立てる。こうなったらもう遅い。後は見守るしかない。プリマスとオトーチャンは小錦と舞の海。

99 決闘・死闘

一瞬ののちには激しい戦いが始まっていた。飛び蹴り、平手打ち、眼つぶし、つつき、押し倒しと、技はめまぐるしい。見る見るうちに両者とも血だらけになっていき、しばらくすると勝負が終わった。プリマスが首を垂れ、オトーチャンが勝ったのである。

それから数日後、二羽とも出血も止まり、傷が癒え始めてきた。平和が戻ったと思ったのだが、小屋の中のプリマスの様子がおかしい。鷹のようだった眼光鋭いマナコは丸くなり、生気がなくなって、隅にしゃがんで餌も食わない。さらに半月ほどして、同じ姿勢のままで息絶えてしまった。絶食による自殺としか思えない。

若いオンドリたちがボスにときどき挑戦するのだが、こっぴどくお仕置きを食らって逃げていく。オトーチャンとコーチンの二横綱は、小屋の外と中でそれぞれゆるぎない天下を誇示していた。二羽とも堂々として美しかった。その安定は永遠に続くかに思えた。そしてある日、何気なく小屋の戸を開けてしまったのだった。

思いがけなく激しい闘いがまき起こり、すぐに終わった。コーチンの重戦車のような重い体は自由が効かず、すぐに眼を潰されてしまったのだ。彼もまた、しばらくは残った片眼でぼんやりとあたりを見ながら、ひと月ほどして小屋の隅で静かに死んでいった。

100 ボスの死

オトーチャンもずいぶん齢をとってきた。

そろそろ隠居させてやろうと思っていた矢先、誰かが捨てていったはぐれチャボのオスが一羽、農場に入り込んできた。風采の上がらない奴だ。ところがいつものようにオトーチャンの先制パンチが始まらない。珍しいことに様子をうかがっている。ボクたちヒト族も集まってきた。

にらみあいの末、ようやくオトーチャンの得意の飛び蹴りが飛んだ。相手も負けていない。五分、一〇分、勝負がつかず、オトーチャンの疲れがひどくなってきた。すでに血みどろでやられっぱなしとなってきた。ボクは見ていられなくなり、ルールを破ってその勝負を分けた。というか、若いはぐれチャボの足を取って遠くに放り投げた。オトーチャンが初めて負けたのだ。

威風堂々としていた姿は消えてしまった。メンドリたちを率いて、ミミズを掘ることもなく、高いトーンでちょっとしわがれて鳴く「コケェコッコー」の勝どきも消え、ボスであったしるしのすべてが見事にまで消えて、今は、庭の小さな日溜りに座ってばかりいるようになった。それは「隠居」ではなく、闘いに破れたオンドリがボスであったプライドの最後のかけらで「死」を覚悟した姿だった。

農場の最初のボス、オトーチャン

かつて、自分が倒したプリマスやコーチンと同じように、オトーチャンも眼がまんまるくなって、冬の寒い朝に死んでいった。

農場の鶏たちの歴史のなかで、いちばん長くボスだった彼を忘れられない。

第2部

アッパーの動物記「家畜と呼ばれる愛すべき仲間たち」

第6話　人間になったアヒルのプリンの巻

スリコミという現象を知っているだろうか。白紙の上をインクをつけたローラーが転がっていって文字や絵をすりこんでいく。その紙はもはや白紙には戻れない。動物の世界でもこの「スリコミ」が行われているとしたら……。

101 人間になったアヒルのプリン

真っ白なそのアヒルが動物農場に来たのは一九八八年の春の日だった。よく遊びに来る親子が大切そうに連れてきたのは、数か月前にうちからもらっていった卵を家庭用孵卵器で孵化させたアヒルだった。風呂場を寝床に家の中で自由に歩き回って育ったアヒルは、大きくなって手に余りだして農場に連れてこられたのだ。体が大きくなったから世話が大変という話かと思ったが、実は違った。

プリンと名付けられたかわいいアヒルは気位が高く、ツンとすまし顔でボクたちの会話を聞き入っている。彼女は（つまり♀なんだが）卵から孵化したその瞬間、興味津々の人間の親子の目の前で、大きくノビをしてこの世に登場したのだ。そしてクリクリした眼を上げると、そこにはジッと見つめている三人の人間がいた。

その時プリンにとっては人生最大の出来事が起きたのだ。

彼女は人間になってしまった。水鳥の仲間には、卵からかえってしばらくの間に眼にした〝動くモノ〟を自分の親だと決めてしまう習性がある。後戻りはきかない。親子のきずな（思い込み）は驚くほど強い。生まれたその日からプリンは人間の親子を自分の本当の親だと思い込み、後を付けて歩くようになったのだが……。ヒヨコのうちは可愛いものの、大きくなったアヒルが一日中、ガァガァ後をついてきては何もできない。とうとう、この親子は泣く泣く動物農場にプリンを連れてきたのだった。

102 プリンの動物農場人生

さて卵時代の出生地である動物農場に戻ってきたので出戻りと言うべきか帰省と言うべきか。ともかくここで第二の人生を送ることになったプリンにとって、動物農場の横を流れる川で遊びはしゃぐ一〇羽余りの仁義なき純粋アヒル族どもとの〝お見合い〟が第一の関門となった。

目出度く、と言いたいところだが、残念ながらこの顔合わせは失敗に終わった。アヒル族の男どもは絶世の美女（とボクは思う）が突如現れたのでびっくり仰天。次の瞬間、われもわれもとプリンめがけてヨダレたらしながら突進してきた。われ先にプリンと交尾しようと一斉に上にのしかかる。プリンのほうもびっくり仰天。初めて見る平たい口をした首の長いおかしな集団が一斉に押しかけてきたのだ。すさまじい悲鳴を上げて逃げ回る。もっと簡単になじむだろうと浅はかに考えていたスタッフたちもびっくり仰天。これではプリンが刑法犯の餌食になってしまうとあわてて救い出した。

考えてみればプリンは〝人間〟なのだ。あんな首長竜のようなおかしな連中と一緒になれるはずがない。散々の大騒ぎのあと、結局、静かな動物農場の庭でプリンはひとり、過ごすことになった。

103 プリンの一目惚れ

動物の世話をもっぱらやっていたのは某国立大農学部出の小田木くん。一八〇センチの大男とプリンとの珍妙なやり取りはなかなかに滑稽だったが、よく見ると、どうもそのうちプリンは、小田木くん相手にワガママな恋人のように振る舞いはじめたのには驚いた。小田木くんの声や姿が見えると大声で呼び始める。しばらくほったらかしにされると機嫌が悪くなる。

日が経って農場に慣れてくると、どういうわけか、ほかの動物たちの中で〝女王さま〟のように振る舞っているプリンがいた。貫禄まで出ている。なにしろ農場の動物たちのリーダー格の犬のノンタまで自分の餌をプリンに差し出しているのだ。羊や鶏が横から取ろうものならノンタが許さない。どうやら、ノンタにはただのアヒルではないとわかっているらしい。今や、動物農場でもっとも目立つ存在がプリンだった。そもそもアヒルは♀のほうが声がやかましい。「ガーガー」とよく響くダミ声は♀の声。♂は「フェフェ」とハスキーなかすれ声でおとなしい。このあたり、ヒト族に共通する部分がある。

ところが〝ただのアヒルども〟たちだけはプリンに対して特権を認めていない。彼らにはチャーミングな若い娘♀としてしか見えない。そして不思議なほどプリンはもてるのだ。かつて、新入りの若いアヒルが加わることはたびたびあったが、プリンほどモテモテになった例をボクは知らない。ただ、遠巻きに群がり争うアヒル族の♂たちの前で明らかに彼女は不快そうだった。

104 プリンの失恋

プリンの動物農場暮らしも月日が経ち、動物たちの中でそれなりの立場も持つようになったプリンだったが、ある日、心やすらぐ話し相手でほのかな恋心で慕ってきた小田木くんがナント、人間の恋人と結婚することになり、田舎に帰っていった。小田木くんの姿が消えた農場の庭で、寂しげでものうげなプリンのたたずまいがボクやスタッフたちには少々やるせなかった。「孤独な女王さま」は相変わらず腰をふりふりもったいぶって歩き、呼びかけに答えはくれるのだが、以前のようなチャーミングな雰囲気は徐々に消えていった。

年とったわけでもないのにじっとしゃがんでいることが多くなったので、気になって抱き上げてみると、足の水かきに傷ができて大きく腫れていた。消毒して包帯を巻いてやったが歩くこともできない。そういえば、動物農場脇の川は狼藉モノ集団の♂たちが群れ成していて、プリンは流れで足を清めることもなかなかできていなかった。呼ぶと返事だけはするものの、羽もツヤがなくなり眼にも光がなくなってきた。

強烈な存在感に包まれた人生だったプリンは、一九九二年の初夏、人間であり続けたまま、小さくなって死んだ。

第2部

アッパーの動物記「家畜と呼ばれる愛すべき仲間たち」

第7話　貧民の乳牛の巻

105 ヤギは楽しい貧しさの象徴

「貧民の乳牛」と言ってもニッポンではピンとこない。ヒンミンってなあに?と聞かれるのがオチである。ヨーロッパのつましい農夫によって、愛され、呼びならわされてきたこの愛称は、アメリカの開拓時代にも受け継がれ、文字通り、貧しき民の健康を支えてきた立役者なのであった。日本でもかつて、戦前戦後の貧しい時代(「だれがマズしかったの?」と言われると答えづらいが、そう、その時代に生きるみんなが貧しかったんだよ)、敗戦後の飢餓の時代から高度成長に差し掛かった二〇年間ほどは、全国いたるところにヤギが飼われ、一九六〇年には六〇万頭にも達した。今はというと三万頭チョボチョボ。

「貧しい暮らし」が日本から消えていくと共に消え去った動物がヤギなのだ。〝貧しい〟という言葉の意味もこの頃は変化しちゃって、経済的に困り果てた状態よりも、心の持ち方や、文化度を指して言ったりしている。「貧乏よ、いずこ!」とボクは言いたい。なぜか貧しさに郷愁を感じるのが子だくさん世代のボクたちなんだろう。

だからボクはヤギが好きだ。貧しさの象徴を絶やしてなるものか。ということで富士山麓に移住してすぐヤギを飼い始めた。あたりは草ボウボウ。餌はいくらでもある。白くて大きくて、ミルクをいっぱい出してくれる日本ザーネン種というヤギの子どもがご近所から手に入った。快活で頭がよく、おまけに美人だったので、シータと名付けた。インドびいきのボクなので、古代叙事詩のヒロインの名前をもらったのだが、貧乏なインドのことだから貧しきヤギの名前にしても怒らないだろう。

シータ姫と大型コリー犬のアーゴ。チャボや鶏族との暮らしはのどかなものだった。「貧民の乳牛」というフレーズが何より気に入って、「ヒンミン」ていいなぁ、とつぶやくのだった。ヤギ小屋はアメリカの開拓期の暮らしを紹介した英語雑誌のイラストを参考にして、丸太組みで造った。ところが、たまたま手に入った白樺の生木の細い丸太で造ったものだからボリボリ喰われてしまい、三年もすると釘や針金だけ残してあちこち穴だらけになってしまった。インドでもヤギを飼ってる人々を見てきたが、こんなに木を食っちゃうものとは知らなかった。白樺の木は柔らかくて甘いんだね。英文の雑誌をいい加減に絵ばかり見て造ったせいだろう。

新しく造ったヤギ小屋

最初のヤギ小屋

106 ヤギミルクのおいしさ

こうして白樺エキスたっぷり入ったミルクは我が家の食卓を豪華にしてくれた。紅茶の葉と生姜、それに砂糖をたっぷり入れて作る濃厚なチャイ。旨い。

しぼりたてのミルクにレモン汁を混ぜてドロッとなったところを漉し布で固めるとカッテージチーズができる。これをブルーベリーのジャムとミックスする。旨い。マヨネーズと荒挽き胡椒であえても旨い。畑でとれたての新ジャガをたっぷり入れたヤギミルクシチュー。旨い。

なにしろ朝晩二回しぼりで三リットルもとれるものだから、食うモノ・飲むモノさまざまに姿を変えて食卓に並ぶ。ヤギ乳は青臭いとか、草臭いとか言う人もいるが、しぼってすぐに低温で殺菌し、冷蔵庫で冷やせば無臭になる。冷たいミルクは夏の炎天下での農作業には欠かせないもので、リポビタンDどころではない。ちなみに、ミルクを飲んで腹を下す人もヤギ乳で下す人はいない。赤ちゃん時代を過ぎた日本人が欧米人に比べてミルクで腹を下す人が多いのは、ミルクに含まれる乳糖（糖分）という物質がうまく消化できないからだ。その場合のミルクとは牛乳のことである。牛乳の乳糖は人間の母乳のそれよりもずっとデカイので日本人には苦手となる。もちろん、日本人も人間の母親の母乳は乳糖が小さいので問題なく消化できる。そこでヤギ乳だが、ナント！　人間の母乳とほぼ同じ大きさで消化酵素がほぼない日本人でも消化吸収できる。そのうえ、ミルクアレルギー源であるαカゼインがヤギ乳ではβカゼインなのでこれも大丈夫。タウリンやカルシウム、ビタミンなども牛乳の三倍だ。知れば知るほど、まさに「貧民に優しい乳牛」であった。

107 ヤギの種付け

ヤギに限らずとも、哺乳動物は赤ちゃんを産まないとミルクは出ない。そのために、大黒様のような縁結びが必要である。うまくしたもので「種付け屋」という仕事があって、初秋にヤギが発情してくると農家から連絡を受けて、ぽんぽんバイクの荷台のカゴにちっちゃなオスのシバヤギを入れてやってくる。シバというのは九州以南在来の小型ヤギ。どうみてもうちの娘の相手としては不細工すぎる。気に入らない。第一、スイス原産の血を引くザーネン種のシータの半分しかないではないか。短足だし。

しかし、種付け屋の爺さんはそんな不満にはお構いなしで、チビのムコ殿の体を支えながら、手際よく種付けを済ませてしまった。敵は素早い。だが、小さなオスは、持ち運びに便利なだけでなく、安産のためにも大事な条件なのであった。

種付け一回四千円なり。

その後、幾年かののち、ボクがまさか「種付け屋」になるとは。動物農場のヤギも増え、オスも長野県の本場、県立種畜牧場からザーネン種の〝血統証付き〟のオスを入れたりして、いつの間にかボクのところには、ヤギの群れができていた。

108 ヤギの発情

ヤギのメスには三週間ごとに発情期がやってくる。最初はおずおずと「メェ〜」と鳴く程度だが次第に強く訴えるような鳴き方になってくる。尻尾もプルプルとしきりに振り、お尻は赤くなって腫れっぽい。これがオスには堪んないのだ。ボクもオスだから発情期のメスの愛らしさがわからないでもないのだが、ヤギのオスのこのときの焦燥感、ほとばしる熱情、すべてを犠牲にしてでも成し遂げようという想いには、残念ながらついていけない。オスの小屋はこのときに角などで猛烈な頭突きを繰り返されるためにけっこう壊される。ちなみに、馬の種付けにも立ち会ったことがあったが、このときは命の危険を感じるほどに、牡馬の猛り狂ったさまはすごかった。パドック（運動場）の柵に発情した雌馬をつなぎ、バタバタ暴れる牡馬をその中に放すのだが、馬のくせに猪突猛進。頭をつながれている雌馬の前でいったん止まって、おや?っと思ったら次の瞬間、またがってしまい、終わった後は別人のようにしょんぼりしておとなしくなる。肩を撫でて「よしよしよくやった」と言うのもなんだし。こういう場合、オスの一員として接するべきか、人間の飼い主として接するべきか、一瞬混乱するのだった。

話をヤギに戻そう。メスの発情は約四八時間。終わる前の三六時間過ぎ頃に付けるともっともよく受精する。そのために愛欲の情のこもった「メェ〜〜」をたっぷり聞かされことになる。

発情期も種類によって異なっている。白くて体の大きなザーネン種はもともとスイス原産。ミルクを日に三〜四リットルも出す。一般にはもっともよく親しまれているヤギだ。でもこれはニッポン在来種ではないので、日本の風土病である腰麻痺にやられることが多いし、日本のじめじめした湿度と高温、そして天敵の蚊がフィラリアや腰麻痺をうつしていく。発情も秋の日が短くなる時期だけと決まっている。ザーネン種が大半だった五〇年前、種付け屋は秋になると大忙しだった。ところがニッポン在来種の白いシバヤギやトカラ列島原産の茶や黒斑点入りのトカラヤギが最近は多くなり、彼らは風土病にも強く夏の日照にもよく耐える。しかもしまりがないことに一年中、発情するのだ。人間もそのしまりのない一族ではある。

富士山麓にもヤギを飼う家が点々とあった。そして動物農場はヤギ一族が繁栄を極め、由緒正しいオスヤギもいた。すると、近隣のヤギ飼い農家から「種付けお願い」とやってくるようになった。もちろん、ボクは〝ぽんぽん〟で出かけたりしないので、〝ヨメさん〟が軽トラックの荷台に載ってやってくる、元祖種付け屋の爺さんへの気兼ねもあって、無料にもできず、一回二千円ということにした。しかし、経済の法則は冷酷だ。ボクは結果的に爺さんの仕事を奪ってしまったようで、しばらくして爺さんが種付け屋を廃業したと風の便りが教えてくれた。山村の景色が一つ消えてしまったのである。

109 ヤギを火葬する

ヤギは貧しき民が飼うための条件として、頑丈な上にきわめて安産である。シータも子だくさんで一度に三頭も産んだ。ぴょんぴょん跳ね回る仔ヤギたちが大きくなったある日、近所の爺さんがいつものように畑の野菜くずを持ってエサ場に入れていった。それはジャガイモの芽だった。ボクが夕方帰ってくると、シータは足を突っ張ったままヨダレをたらし、苦しがっていた。明らかに中毒症状だ。ミルクを飲ませたり、腹をさすったりして強心剤を獣医に持ってきてもらおうと連絡をしたがその前に呼吸が止まってしまった。

火葬がシータにはふさわしいと思い、庭に小屋をバラした薪ヤグラを組んで、大きな火葬の祭壇を作り火をつけた。盛大な炎に包まれながらも、人の大人ほどもあるシータの体はなかなか焼けない。こんな悲しい時に言ってはいけないと思いながらも、ボクは「おいしい匂いがする」とつぶやいてしまった。横にいたみんなも同じことを思ったそうだ。罪深き我らを許したまえ。合掌。

110 紙を食わすな

最近、テレビのCMでヤギがティッシュを喰うというのがある。しかも、「我が社のティッシュペーパーはヤギが食べても安心です」とほざく、とんでもないCMである。しろやぎさんとくろやぎさんの童謡にも困っているが、そもそも、動物の生態についてまったく知らないヤツが、いとも気軽に作った歌としか思えない。と思って調べてみたら、あの「まどみちお」さんの作詞だった。ご免なさい。前言撤回。きっと、まどみちおさんはヤギを飼ったことがなかったんだね。たしかに和紙はコウゾやミツマタのセルロースからできているので、木質好きなヤギとしては消化酵素もあるし喰うだろう。でも、すでに現代の紙や洋紙には、天然の木繊維ではなく、さまざまな成分が混ぜられているし、すべて化学薬品にさらされていてすでに木質とは別の物質となっている。当然、ヤギには毒である。紙を食べさせられて消化もできずに腸閉塞を起こして死ぬヤギも多いと聞く。ヤギは人語をしゃべれないので、「どうも紙を食ったあとは、調子が悪い」とは訴えられない。

なにより見過ごせないのは、テレビの影響力の大きさである。かつての貧しき時代に生きた人々は、無邪気に「ヤギが紙を食べた！」と喜んだ。それは、食べ物でもないものを生身の動物が食べる意外性と、子どもっぽい残酷さからくる遊び心だったんだろう。ボクはたびたび、子ども連れの母親などが、ヤギにチリ紙を与えて、子どもを喜ばせる場面に出会う。もちろん、説明してやめさせるのだが、あの童謡の影響力の大きさに嘆くことがシバシバだ。そこに、あのＣＭである。制作するほうもアホだが、制作プロダクションにヤギを貸し出す業者のほうも罪が重い。

家畜動物もこの地球に生を受けた仲間だ。まして、人間に全面的に運命を握られている彼らである。ボクたちの、彼ら家畜動物に対する理解と配慮は当然だろう。遊んでポイのぬいぐるみとはわけが違う。心やさしき「貧民の乳牛」であるヤギとは、誠実に付き合わなければならない。ボクは暴君にも独裁者にもなりたくない。

動物農場で暮らすヤギ族も現在、一三頭。近隣のヤギ飼い農家も消えていって、こんな数でも、静岡県東部地方では、最大頭数だということだ。

第2部 アッパーの動物記「家畜と呼ばれる愛すべき仲間たち」

第8話 夜ごとの賊 ゴン狐の巻

星夜に眼だけ赤く光るゴン

動物農場から富士山を仰ぐ方角に五〇〇メートルほど行った小高い丘の中腹に、林に囲まれた「権現様」と呼ばれる氏神さんがある。ここに奥行き一〇メートルの溶岩洞窟があり、清冽な清水が湧いている。

動物農場をはじめ、近所の民家一五軒だけがこの水を簡易水道として引いており、この権利は江戸の昔までさかのぼるほど古い話らしい。ボクが動物農場として開放している自宅のでかい古民家は築百年を超えた旧家で、時おり見知らぬ爺さんや婆さんが訪ねてきて、「わしゃぁ、この家で生まれたんだにぃ。懐かしいのう」と話しかけてくる。話によるとこの家はもともと、このあたりの庄屋の家だったらしい。それはともかく、とにかく旨い水だ。夏冷たく、冬温かい旨い水として近隣では評判の水である。

現に、お茶の先生が貰いに来ることもある。簡易水道という名前の湧水だが、もちろん、誰も塩素殺菌なんぞしない。塩素が好きなのは役人だけだ。その水の湧く丘に昔から狐の一家が棲んでいて、ボクと因縁浅からぬ関係だった。

111 深夜の賊

冬の闇夜。庭先の鶏たちが大騒ぎをはじめる。「コケーッコッコッコー！コケーッコッコー！」の大合唱で眠れたもんではない。

犬たちも猛烈に吠えまくる。

もちろん、動物一家がこぞって悪い夢にうなされたわけではなく、明らかに〝賊〟が忍び込んだのである。

この頃ボクは、チャボ族やコーチンのような変わり種の鶏種だけでなく、近くの農地を広く借りて、鶏小屋を四棟建て、性格が穏やかで赤玉を産む鶏たちを飼っていた。これまでの動物農場の混合放飼式ではなく、一見、養鶏場である。でも、いわゆる養鶏場とは違って、一棟一万二万と飼う密飼いや、一羽ずつ金網の箱に入れるケージ飼いはせず、広い小屋に少ない羽数の平飼いで、餌も農協の濃厚飼料は使わず、すべて畑や近所から得られる天然餌だけを自家配合して育てる「自然養鶏」だった。この方式は脱サラで田舎暮らしする人たちにすごい人気で、全国自然養鶏会なる組織もできた。ボクは本部のないこの会の全国支部の中で中核となる中部支部長。見学者もちょくちょくやって来た。当然、害獣対策の質問も多い。そこへ、この連続押し込み殺りく者の登場だ。

眠い眼をこすり、枕元のライトを手に飛び出していくと、照らされた闇の向こうに真っ赤な双つの眼。「コッラー！」と怒鳴っても敵はへらへら笑って？逃げもしない。追いかけ始めると赤い火は見えなくなり、五〇メートルほど遠くでまた現れる。また走るとまた逃げるが、けっして一目散には逃げない。へらへらとナメている（ように見える）。狐の習性とはわかっていても、あの態度はけしからん。

石を拾って投げるが当たるあてもない。

幸い、このあたりは人家もまばらで、当てずっぽうの流弾でも人様に気づかいもない。真冬の夜中、厳しい寒さが体の芯までしみ込んでくるというのに、ボクは頭から湯気を出していた。足元には鶏の柔らかい羽毛が点々と散っている。

「またやられた……」

動物たちが我が動物農場に増えてくるのに歩調を合わせるように、ゴン狐の悪事は回数を重ね、鶏、アヒル、ウサギなどが獲られていった。まるで権現様への生け贄（いけにえ）である。

狐は金網の上を破るのではなく、下に穴を掘って侵入する。だから金網の下面に長く太い竹串をびっしり刺しておくのだが、それまで掘り返してしまう。鶏小屋の周囲にワイヤーを張り、犬を動けるようにつないでも、その犬をあざ笑うようにやってくる。

柵の補強や犬の守備隊もかたなし。ゴン狐は同じ手は使わず、いつも狙いを変えて我々の裏をかく。こうなってくると間抜けなのはボクということになる。

鶏をくわえたゴン狐

112
我が村にも開発の波が

ところが、ある年からピタッと姿が消えた。ゴン狐が来なくなったのだ。ヤレヤレと思うものの、心配が募ってきた。そういえば最近、権現様の上の林が宅地開発されている。あそこはそもそもこの地区の古い時代の入会《いりあい》の林で、開発なんぞできないはずだった？　でも、なにかと評判の悪い不動産会社が開発をしていて、林はほとんど消えて建売住宅が続々と建っていた。それに去年から野犬の群れも多くなった。このあたりは飼えなくなった(飼いたくなくなった)犬を捨てに来る輩が多い。ノラ犬は単独では餌が獲れないので飢えて死ぬことが多いが、群れを成すと餌を獲りやすくなるのか、途端に生存率が上がる。ゴン狐も家族を養うのに危機的な状況に違いない。

野生の狐の寿命が短いことは知っているが、ゴンもついに命運尽きたか。ということは家族も絶えてしまったのだろうか。

何やら、ボクとゴンの宿命の対決という構造から、人類の飽くなき欲望に立ち向かう自然界の象徴のゴン狐といった悲壮な構造を連想してしまった。

ゴンがいなくなった代わりに野犬が増えてきてボクたち動物農場の鶏舎には四頭も入り込んで、四〇羽もの鶏が一晩で全滅という事件まで起きた。このチンピラ犬たちは喰うのではなく、噛み殺して遊んだのだ。ゴンはこんなひどいことはしなかった。

もちろんボクは外に逃げていたボス犬も含めて六頭すべてを素手で捕まえて叩きのめした。動物と共に暮らすということは、ボクがいつもボスであり続けることだ。

113 動物農場の夜の生態史

ゴンがいなくなってから二度目の冬。相変わらず、思い出したように犬たちの吠え声と鶏やアヒルの騒ぎは起きていた。最近は野犬ばかりではなく、鋭い歯で金網を簡単に噛み切ってしまう〝胴長短足〟獣も登場しはじめた。どうもアナグマらしい。

コロコロ太った我が動物農場の鶏やアヒルたちにとっては、冬の夜は恐怖となった。こんな騒ぎにゴンまで加わっていたらどうなったことやら。

ところがある夜。動物たちの騒ぎに飛び出してみると、なんと、尻尾がふさふさの仔狐がいるではないか。ゴンではないがゴンの関係者?だろう。ゴンの息子か娘かもしれない。とにかく一家は無事だったと思っておこう。

とりあえずこの仔ゴン狐を「シ!」と追っ払ってみたが、あまりこちらも本気で追う気になれない。しかし仔ゴン狐は親と違って一目散に逃げてしまった。「お前の親父はどうしちゃったのかい?」と、聞いてみたかったが相手は返事もない。

同じ頃、町内での苦情を受けて野犬の捕獲が始まり、ノラ公どもも見なくなった。〝胴長短足〟氏はその後二度ほど襲撃を試みてきたが果たせず、以後来なくなった。

ゴンと仔ゴン狐もふたたび現れない。

そしてボクも、この年の冬に起きた神戸の地震で被災地にしばらく行くことになった。災害や戦争で甚大な被害を受けている人を放っとくわけにはいかない。そんなわけで地震勃発二日後には神戸市東灘区で救援本部を作って活動していたが、ここは震度七のすさまじい破壊の爪痕で、軒並み、木造の家々は潰れていた。そんなところで長期間、救援活動をしてから富士山麓に帰ってみると、どうもこの古民家中心の仕事場は東海地震に持ちこたえそうもない。というより、この重たい屋根ではペッチャンコになってしまうだろう。

そこで、思い切って、動物農場（ホールアース自然学校）の全建屋を強度の耐震建築で新たに建て直そうということになった。といっても得意の鶏小屋や犬小屋のようなわけにはいかない。結局、長年、住み慣れた庄屋さんのでかい古民家からちょっと離れた川向こうの高台に広い土地を求めて二年間の建築期間を設定し、その工事期間中は、十数年寝食を共にした動物たちとも別れて暮らすことになった。畜舎群は簡素だが屋根が軽くて柔構造なので地震でも耐えるだろうし、人間様の住居や事務所だけが赤信号だった。

思い立ったが吉日。ペッチャンコだけは避けたいので、工事期間中だけ、近くの借家に引っ越した。そして、そのときから動物農場の夜を知るものはいなくなってしまった。

ゴンとの月日は、動物農場の知られざる夜の生態史だった。

牛だろうが鶏だろうが、動物を飼う限り、家畜飼い、動物飼いの絶対の安眠などはない。野獣の襲撃、育雛《いくすう》、未明の出産、急な発情。動物たちは夜に真剣に生きている。

そして、昼間の動物たちはあくまで閑かである。

第2部

アッパーの動物記「家畜と呼ばれる愛すべき仲間たち」

第9話　自由犬ラフ物語の巻

暖冬といわれた今年（一九九三年）の冬。それでも冬らしくとても寒かった日の朝、ラフが死んだ。大型のシェルティ。農場の動物の中でもっとも〝スタッフ〟らしい存在感を示し、もっとも多くの子どもたちと交流した犬だった。今回は、「ラフ」の物語を話そう。

ラフは、♂オスである。農場には、武勇伝には事欠かない男前たちが揃っていて、酒飲み話のツマミには、もってこいの顔ぶれだ。残念ながらこの中にヒト族には含まれていない。

トカラヤギの「きんた」。ウサギ族の長老であった「ボス」。羊の「ギンタ」……。そして「ラフ」などなどである。きんたは最近、ヨイショしてあげたい場面が多く、少々斜陽気味なのだが、見かけだけでは誰にも負けぬ豪傑ぶりだ。ウサギの大長老のボスは、最後まで若いもんに負けず、美談と五〇羽近く（ウサギは江戸時代の四足動物禁食令の影響で、一羽二羽と数える）の子孫ばかりたくさん残して大往生した。

ボス羊の巨漢ギンタは遠くから見ると、額縁に入れたいくらい堂々としていたが、晩年は尿道結石に苦しんだ。人間スタッフのタグチくんとの「真夏の決闘」は永遠のスペクタクルだった。

彼らがいずれもオスらしく、プライド高く君臨していたのに比べ、ラフはその辺がちょっと女性陣の評価が弱い。男気がなかったのではない。マイペースだったのだ。このあたりがラフのアイデンティティと言えよう。彼はマイペースに徹した犬である。

114 ノラ公のラフ

その存在感にも関わらず、ボスになろうとしなかった犬との出会いは五年前にさかのぼる。新緑のきれいな隣町の公園で動物農場の移動牧場や自然教室が開かれていた日、どこからかヒョコヒョコと現れて気ままに園内を散歩していたのが彼だった。人懐っこいようでいてあまり媚びもしないアッサリとした犬で、つかず離れず我々のそばにいる彼は、首輪もなく、犬相、風体、面接の結果、どうやら天下御免のノラ公らしかった。

毛並みも汚れていて、生活の苦労をしのばせている。飼い主のないことを確かめた我々は、農場に連れて帰ることにした。彼も同意したようだ。

農場の山羊、羊、馬、犬たちに紹介されると、たいていの動物はこの群れや面構えにビビッてオタオタするものだが、この犬は周りの人間が気抜けするほど落ち着いていて、最初の儀式を楽に通過した。

彼の雰囲気から名前を「ラフ」と呼ぶことに決め、農場の一員に加わることになった。

115

声帯を切られていたラフ

最初から気になっていたのだが、どうもラフの声帯は切られているらしい。吠え声ワンワンとはならず、ファンファンになる。マンションや、人口密集地で飼われている犬には吠え声によるトラブル防止のため、声帯を切り取る手術が施されることがある。考えてみればなんと残酷な手術であろうか。こんな手術でも〝施し〟などというアリガタイ言葉を使うのは気が進まないが、日本語ではこうなってしまう。彼はその後、ファンファン、フォンフォンで我々と付き合った。

なにしろ、ほかの動物たちの中で声のボリュームだけは圧倒的に劣勢である。パフォーマンスで押すしかない……と思ったかどうか。

あるとき黒雲がやってきて、ピカッと同時にガーンゴロゴロゴロときた。人も動物もおとなしくカミナリ様をやり過ごそうとしていたのだが、気がついてみるとラフがどしゃぶりの中で猛り狂っている。ゴロゴロが足元の深いところから聞こえてくるらしく、さかんに地面に吠え立てている。それればかりでなく、猛然と穴を掘り、カミナリを捕まえようとしている。

雷雲が通り過ぎた後には、大きな穴と、泥まみれのラフが残った。付け加えるなら、アホ面して見ていた人間たちも残った。

もしかすると本当にカミナリ様は地面の下に隠れているのかもしれない。その後もたびたびラフの迫力あふれるカミナリ様との決闘を見るたび、ボクはひそかにそう思うようになった。

移動牧場にラフも連れて行くことになり、少し身だしなみを整えようと川に投げ込み、ごしごしと洗ってやった。ちょっとハンサムになったかなと見ているうちに、ラフはあたりかまわず体をこすり付け、のた打ち回り見る見る元の汚れ犬になってしまった。

人間様の思惑など知ったことかと言いたげなそぶりである。パンクに走った息子とその父親のようなものだ。それでも、移動牧場に連れて行くとなかなかの役者ぶりであることがわかった。愛想がいいのである。けっして噛みついたり、唸りもしない。わがままな幼児だろうが腕白なイタズラ坊主だろうが、ちゃんと遊んでやっている。

つぼを心得ているかのように、怒りもせず、無視もせずベテラン保父さんのような立ち振る舞いだ。当然、人気者となり、移動牧場のレギュラースタッフにまたたくまになってしまった。

ラフはすぐに女の子たちに囲まれる

116 モテモテのラフ

移動牧場には女の子たちが必ずと言っていいくらい、長時間居座って遊んでいく。ラフはこうした女の子たちが好きなようで男の子たちとまるで違う気の入れ方で遊ぶ。どうも、口説いているようである。ひょっとするとキスでもしたら魔法がとけてりりしい若者が現れるかも？

こうした傾向は、「遊牧民キャンプ」でも同じで、女の子たちによくもてたものだから、ヒト族の男性スタッフたちはまじめに見習っていたフシがある。

そもそもシェルティという種類は子どもが苦手な犬が多いのだが、ラフの場合、驚くほどに子ども好きだった。その性格はキャンプでいかんなく発揮され、手紙が来るほどの人気者となった。

遊牧民キャンプ場は大昔の背の低い単性火山の噴火口のミニカルデラである。このゆる〜い窪地が直径四〇〇メートルもあるのだが、全体がなだらかな盆地となっていて、ふもとの俗世界と隔絶された別天地だ。広いキャンプ場では、人も動物たちも自由に〝放し飼い〟となっているので、ラフと子どもたちはかなり対等だった。もちろん、馬に対しては、ハハーッとひれ伏してしまう気の弱い子どもやスタッフも多いし、なかなかほかの子と交われない子どももいるのだが、彼らにとってラフは格好の友達となったし、子どもの遊びの輪がいつもできていた。ここでも彼は、優秀なスタッフであったと思う。

マイペースだったことは、ほかの動物との関係でも見られた。通常、犬たちは、ほかの野犬や猫などが来ると猛烈に吠えまくるのだが、その騒ぎの中でのんびりと寝そべっているのが常で、一緒に吠えたところをついぞ見なかった。このへんは田舎なので、犬を飼っている家も多い。したがって散歩の日課には、ときどき見知らぬ犬との出会いがある。

相手の犬は飼い主を引っ張るほどに吠え立てるが、ラフは何事もなく匂い嗅ぎなぞをやろうとしている。自然体と言うとかっこよすぎるけど、平和なやつだ。

117

ラフも親父になった

彼にもイイナズケができて、結婚することになった。深窓の令嬢は隣家のシェルティの「チョコ」。細やかな性格で少々神経質だが、ラフの気取らないところに惚れたらしい。たびたびのデートの末、二回、赤ちゃんに恵まれた。農場の「ぺぺ」と「ココ」は一歳違いの兄弟である。

さらに人間どもの気まぐれというか思いつきで、動物農場先住者のノンタとも夫婦になった。そう、ノンタはメスなのだ。

なんと生まれた仔犬は一一頭！　これにはラフはほとんど貢献していないとボクは考えている。ノンタが驚異的な多産能力なのだ。この一〇頭はとくに可愛さと性格でもイヌ柄が良く、近所にそれぞれ貰われていった。

残った一頭が「トト」である。

元の飼い主に捨てられたのか、自分で愛想をつかせたのか、ラフは、自由の味を知っている犬だ。農場で閑かな日々のまにまに、遠くを見ているような目つきを見せることもあった。ほかの犬が横並びにしっぽを振っていても、自分だけがよそを見ていたラフは、晩年、フィラリアに苦しんで腹水が溜まり、獣医の世話になることたびたびだったが、ある朝、天にトコトコ歩いて登っていった。口コミで広がったラフの死には多くのファンたちからの胸迫る手紙が幾通もきた。

次に生まれ変わるときには何をやりたいんだろう。「もう、犬はいいや」と言って亀にでもなったのだろうか。それならボクは、ときどき水辺をのぞいてみよう。

第2部

アッパーの動物記「家畜と呼ばれる愛すべき仲間たち」

第10話 トカラヤギ、きんた数奇な運命の巻

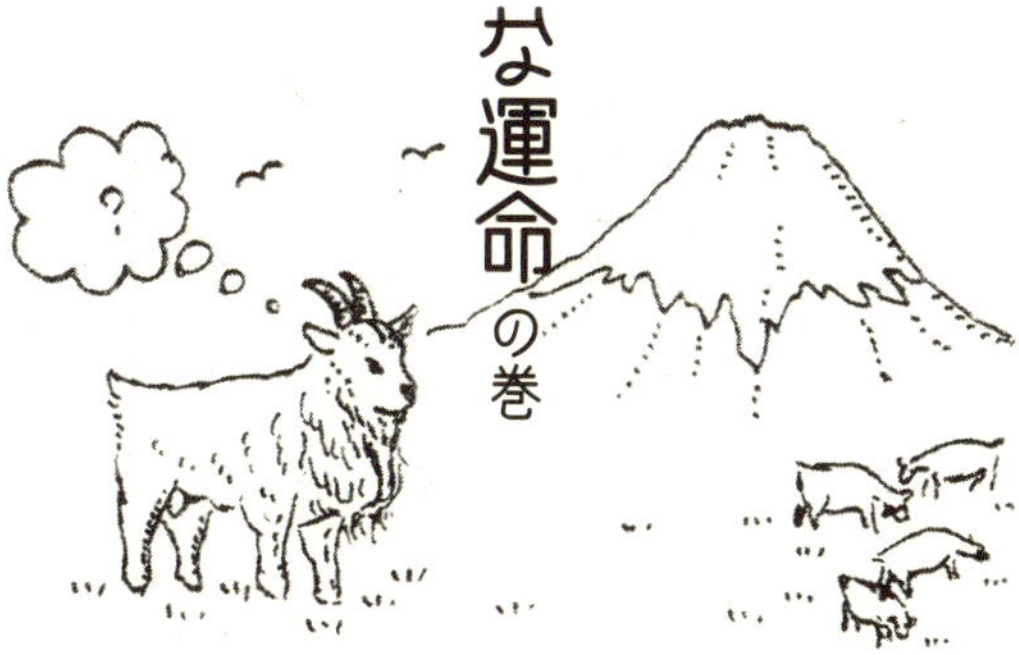

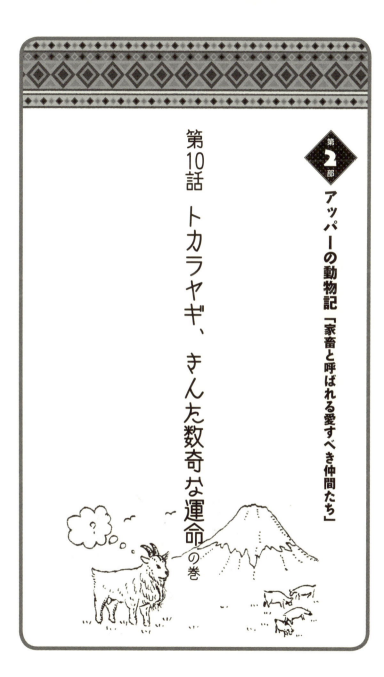

「バッファローがいる！」と子どもが指さし、親が「アラ、ホント」と答えた正体不明の動物が、今回紹介する「きんた」である。

きんたは、ヤギである。

しかも正真正銘、由緒正しき血統証付き（ないけど）のトカラヤギだ。寝呆けたバッファローなどではない。

しかし、かの親子の名誉のために言うと、草原の中に彼がスックと立ち、遠くを見つめるようなそぶりは、なかなかの威厳があって、とてもヤギには見えない。色といい、立派なヒゲといい、見事な角といい、そこらの半端ものには太刀打ちできない。

ボクもヒゲを生やしているが、きんたの前では少々気恥ずかしい。

118 ライオンの餌?!

きんたは九州の南、屋久島と奄美大島にはさまれた、トカラ諸島の生まれだ。はるばる富士山麓まで、一体どのようにして来たのだろう。

何を隠そう、実はライオンのエサになるためである。つまり正確に言うと、サファリパークに観光用に買われて連れて来られ、オフシーズンになったので不要になり、猛獣の口に入るところだったというわけだ。たまたま、飼育担当の人がボクの知人で、哀れなトカラ一族を貰ってくれないかと言ってきたのだった。「もし断られれば、この一族はライオンのエサなんですよ」と言外に繰り返す。何だか、以前も同じような依頼があったことをボクは思い出した。

あるサーカスが閉鎖されるので、仔象を引き取ってくれというものだった。まだ小さかった子どもの友達にどうかナなどといっとき考えたが、やはり、場所もエサも無理が多すぎる。断った。その後、仔象は死んだとだけ連絡を受けたのだが、一度も会わなかった仔象の救いを求めているような姿が目に浮かびなんとも困った。

さて、今度はヤギだ。象とは違う。ボクはふたつ返事でOKした。

ライオンはご馳走をフイにしたのだった。

トカラ一族を飼うのは初めてだった。

いろいろと文献を調べて、うちで普段飼っていた白く大型のザーネン種とはずいぶん違う生態を持っていることがわかった。

119 ハーレム暮らしのオス

亜熱帯のヤギなので、繁殖期がなく一年中発情を繰り返す。少々しまりがない。乳はごくわずかなので、主に肉用種で利用されている。何となくズングリしている。

この暑い土地から来た生き物が、富士山の厳しい冬を乗り越えられるだろうか。

この一族には、きんたのほか、雌が二頭いた。ハーレムとまではいかないまでも、一夫多妻である。日本もそういう時期が一部の特権階級にはあった。外国には今も当たり前にある。

かつて、タイでボクのスタッフを務めた働き者のソムサックには七人の奥さんがいた。給料日には貰ったバーツ札をいくつかにわけ、「これは第一の奥さん、これが第二の奥さん」と教えてくれる。お金をそれぞれの奥さんに分けているらしい。だからどうした。もっと欲しいというのか、とボクは関心のなさそうな顔で話題を変えるが、ソムサックは五つの山しかできないよと言ってくる。ソムサックは七人のドライバーとコックたちの管理職だったのでタイ人の平均給与からすると破格なほどの高給なんだが、こうした交渉はしぶとい。まぁ、一夫多妻オトコにはこの粘りと交渉力が開発されるのかもしれない。

120
固まりカッチャン

雌のトカラ嬢のうち一頭が、秋深まってから、寒さに耐えられないと観念して死んでいった。ボクらは厳粛に弔ってやった。

きんたは残った雌と仲むつまじく暮らしていたが、冬のある晩、ヤギ小屋から可愛い声がして駆けつけてみると、なんとチビトカラの誕生だった。ザーネン種よりもひと回り小さな赤ん坊だ。体の色は両親よりも黒っぽい。

このチビトカラは、冬の陽だまりで頑張って育っていったが、なにしろ先祖も未経験の寒さだ。いつも陽なたで背中を丸めてジッとしているものだから、みんなから「かたまりかっちゃん」と名付けられた。

かっちゃんも、寒さ厳しい日に、ついに昇天してしまった。

残った二頭で一夫一婦の夫婦になった。

きんたたちは冬を乗り越え、待望の春を迎えた。ヤギ舎には船来の血筋であるザーネンの大型グラマーな美女たちが幾頭もおり、きんたの気を引く。

しかし彼女らは繁殖期を持っていて、やたら発情しない。しつこく激しいきんたのアタックにも迷惑顔でかわす。「きんたよ、彼女らとお前はもともと文化伝統が違うのだよ」と教えても、イノシシ顔負けに猪突猛進を繰り返す。しかし、最後はきんたの徒労で終わるのであった。

そんなきんたにはいつでも待っている古女房がちゃんといるのだ。このトカラ母さんも頑固だが、目立とうとはしない雌ヤギだった。

きんたのハシタない振る舞いをどんな気持ちで見ていたのやら。

121 王者の風格

雄ヤギはだいたいが立派な角を持っているが、きんたの角はとくに立派だった。

冒頭の話のように、バッファローに負けないほどの角だったため、子どもには人気が高く、遠巻きにした中央にきんたがいる。

まるで、闘牛場の牛と怖いもの見たさの観衆だ。きんたは子どものキャッキャしたはしゃぎにもあまり動じなかったが、ときどきは面倒になるのか、これ見よがしに角をググッと向けてきたりした。それがまた、子どもたちには面白い。

ヤレヤレといったため息と共に彼のしゃがみ込む姿がよく見られた。

きんたはこうして「遊牧民キャンプ」の人気者になっていった。

122
きんたと人間の♂

しかし、どういうわけか、子どもにはやたら優しいきんたも、キャンプスタッフの大人にはどうも相性が悪い。

とくに、男には容赦がない。ボクが振り向くとよく人間とヤギの決闘が行われていて、両者ゆずらず、ウンウンと力比べをしている。人間のほうが悪知恵を働かせて、きんたの力とまともに向かい合わず、横にかわす場面が多かったが、これはヤギ族の正式なルールによると、人間の負けである。

きんたの一直線で一生懸命な求愛もたびたびで度が過ぎることが多く、本人の

ヤギと人間の決闘

ほとばしる熱情も少々はたからは見苦しい。とくに動物農場の若く独身の男性陣には目に毒である。その結果きんた一頭だけ、いつも群れから離されて、草地に放牧されていた。

こんな時に、車で通りかかったりする家族が「あっバッファローだ！」なんて会話になるのである。スックと顔をあげて遠くを見つめるきんたは、哲学に耽っていたわけではなく、ただ単に、遠くの雌のところに行きたくて、クンクン匂いを嗅いでいただけなのだった。

きんた夫婦はその後、数年、共に暮らし、忘れ形見をもうけた。

しかし、雌のひかえめ母さんが先に死に、ついにライオンの牙を逃れた一族はきんたひとりとなった。

123 きんたの血統

でも、きんたは、動物農場のヤギ族にある貢献をしてくれたのだ。

白くて乳用のザーネン種は明治末期にスイス、イギリスから日本に入ってきたが、どうしても日本の風土病であるフィラリアや腰麻痺にかかって倒れてしまいやすい。

ところがトカラ族はこうした病気には滅法強く、きんたたちも病気知らずだった。

そこで、ボクたちも最近は忙しくて乳もしぼらなくなってきているので、考えた末、きんたにひと働きしてもらうことにした。

彼が断るはずがない。

夢にまで見たハーレムなのだ。

期待にたがわず、きんたはある秋の発情期に、次々とザーネン嬢たちを妊娠させていき、動物農場のヤギ族はあっという間に、きんた王国というか混血が増えていった。そのせいで、ボクたちの農場のほとんどのヤギは今に至るも、病気には縁遠い。

しかし、パワフルなきんたも、だんだん老齢になり、かつてのパワーは語りぐさに残るばかりになっていった。

もう、秋の繁殖期にも出番を求めなくなり、ご隠居さんという風情になった。ときどき、思い出したように、若いスタッフと力比べをやりかけるが、すぐ終わりになる。

ついに老衰で、天寿を全うしていった。

数奇な運命のヤギである。

きんたとは、飼育担当の小田木くんが付けた名でおわかりのように、「マ抜けのキンタ」である。

第2部

アッパーの動物記「家畜と呼ばれる愛すべき仲間たち」

第11話　わがまま娘　ロバのメイの巻

「動物記」は多くの動物たちを取り上げてきたが、こうして振り返ってみると、みんなすでに他界してしまった仲間たちばかりの話だ。人間がもっとも寿命が長いので、どうしても長老の独り言のようになってしまう。それに別れた思いは結構、心のなかにポカンとあるものだ。

でも、今回は現役バリバリの「メイ」。曲者の筆頭のようなロバを紹介しよう。

124
仔ロバと仔ポニーがやってきた

ヒーホヒーホヒーホと鳴くロバの鳴き声を聞いたことのある人は、あまりいないはずだ。日本ではロバはなじみがない。

というと、「ロバのパン屋があったじゃないか」と声が飛ぶ。昭和三、四〇年代。すでに〝古き良き時代〟の記憶のなかの話だ。これを知っている人も人口比では少数派かな。

パン屋はなぜ馬でなくロバに四輪リヤカーを牽かせたのか？　たぶん、ロバの持つのどけさ、独特のペーソスがパンの隠し味にピッタリだったのだろう。全国的にけっこう流行った。

ロバというと頑固さが頭に浮かぶ。実は……、やっぱりとんでもない頑固者である。しかもなかなかの知恵者だ。うかうかしていると人間カタナシとなる。

「動物農場」にロバがやって来たのは一九八七年の冬。シェットランド・ポニーと一緒に動物商が連れて来た。二頭ともまだ子どもだった。ところが、ボクが可愛い二頭との新しい出会いにウキウキして命名式をやっているスキに、動物商のオトコは素早く帰ってしまった。「気が変わらないうちに」と言ったそうな?!

なるほど、一度トラックから降ろしてしまうと二度と乗ろうとはしない。これが頑固な彼女との出会いだった。それはともかく、ボクはこのロバに「メイ」と名付けた。昔タイで世話になった肝っ玉母さんの呼称からとったものだ。タイ語で「母さん」である。馬柵もできていないうちに連れて来るとは、動物商の厄介払いだったのかもしれない。こんなに可愛いのに。

ちなみにポニーのほうは「ダン」と命名した。うちに来たときの毛色は金髪のように光っていた。動物商氏は「これはゴールデンダンという色で大きくなるともっときれいになりますよ」と言ってくれたが、一年も経つと金髪は消え、単に焦げ茶色の栗毛になってしまったが、いまさら「クリちゃん」なんて、名前は変えられない。

125 癖ロバ

ところでメイは、押しても引いても動かない。まるで物語のなかのロバがここに現れたよう。

馬は長く付き合ったけどロバは初めてだったボクは、〝耳の長い馬もどき〟どころではないと、気づき始めた。

一緒に来たシェットランド・ポニーのダンが素直な分、メイの分は悪い。それに、ちっちゃくて人気者のダンの餌を横取りしたり、噛みつくふりをするものだから悪役である。

どんな生き物でも小さなときの環境の影響は大きい。メイは少女時代をイジけて過ごしたようだ。その頃、動物農場は「移動牧場」といって近隣の学校や催事場へ動物と共に行き、家畜の役割や魅力を教える動物教室を多くやっていた。何としてもトラックに乗ろうとしないメイとの駆け引きは、はたから見るとけっこう見ものだったに違いない。事実、毎回人だかりができて、面白がっている。やってる本人も、特別上演の動物コメディになっていると思ったほどだ。やれやれ。


平和で閑かな動物農場の日々は、メイのいじけ気分は直してくれたようだが、暇つぶしに覚えた悪ふざけはどうも増えたようだ。「性格はいいいね」と誰もが言ってくれるのに、その人の服を後ろからそっとくわえて引っ張ったり、ときには肉も……。たいてい、ヒトの悲鳴で幕は閉じる。

図体はふた回りもでかくなった。このメイを買うときに動物商氏は「こいつは大きくならない品種なので、いつまでも可愛いですよ」と明るい顔で売り込んでくれたが、もうあの頃の姿とはずい

トラックに乗らない頑固者メイ

ぶん違う、立派な体格になった。これまでにいくつかのムコどの候補との出会いはあったが、見合ったままで、ムコのほうが逃げ出してしまった。情けないほどにここでも〝男低女高〟である。育ての親のボクとしては、そんな男(♂)などに未練など持たないでほしい。

というわけで、現在も花の独身だ。

そろそろ中年期に差し掛かろうとしているメイはたぶん、すてきな王子様の現れるのを待っているのだろう。

126
子どもたちの人気者メイ

長い間にポニーのダンとは心の姉妹となってしまい、互いに離したりすると、呼び合い、鳴き合って、しばし騒がしい。そういえば、ダンもメイもほぼ同じ年。二人そろって花の独身だ。〝親〟として少々申し訳ない気にもなる。

動物農場が主催する春夏冬に行われる遊牧民キャンプでもメイは人気者だ。子どもたちは自分たちでメイにまたがり、引いて歩く。馬のようにデカくないので、乗ったときの恐怖感がないから小さな子でも夢中になって乗っている。

と、ここまではいいのだが、力持ちのロバだからと、大人であるキャンプスタッフたちが乗っていたら、あるとき変なことをメイは覚えてしまった。適当なときにグッと頭を地面すれすれまで下げるのだ。すると、乗っていたほうは、いきなり目の前の長い首とデカい頭がなくなり、支えを失って前方にゴロンと落ちる。鞍もなく裸馬のメイなのでつかまるところもない。百発百中、誰でもゴロンと落ちる。ボクも落ちた。誰だこんなことをメイに仕込んだやつは！と怒ってみても始まらない。これはメイが自分で考えた遊びだ。今のところ、大人だけしか落としていない。そのうち、子どもも落とされる日が来るのだろうか。やれやれ。

キャンプの人気者メイは、たくさんのエピソードに囲まれて九年も過ぎてしまった。まだまだ元気者だ。

独特のキャラで人気のロバのメイ

第2部

アッパーの動物記「家畜と呼ばれる愛すべき仲間たち」

第12話 ヤギのグランマ「ミドリ」の巻

動物農場はヤギが似合う。

手間がかからぬ飼いやすさと人懐っこさに加えて、なにより安上がりな動物なのである。田舎にはふんだんにある緑餌＝雑草、野菜くずが主食だ。

ボクは牧場で牛たちも飼っていたので緑餌でも牛飼いができるとわかっているが、なにしろ牛は食う量が違う。こちらの手間は大変なものだ。それでも広い放牧場があればいい。ただし、日本では放牧場のまわりはしっかりと囲わなければならないのでやっぱり大変な手間だ。だから日本中の牧場は草の代わりに農協などから簡単な濃厚飼料を買って与えている。

でもヤギはそこいらにふんだんにある草で十分、間に合ってしまう。しかも、栄養たっぷりのミルクを提供してくれる。このミルクは人間の母乳に成分が似ていて、いくら飲んでも腹を壊したりしない。そうそう、人間様も哺乳類という動物のお仲間であった。

127
母性も乳も一番のミドリ

ヤギはかつて「貧民の乳牛」と呼ばれた。富の源である牛を飼うことができないヨーロッパの貧農たちはヤギを飼って、その栄養分豊かなミルクの恩恵を受けた。

ボクも大地主ではなく、周囲の休耕田をたくさん借りていた貧農だったので、ヤギが気分的にもよく似合う。

初代「シータ」、二代目「パープー」に続き、三代目が「ミドリ」だった。場末の酒場にいそうな名前ではあるが、これはヤギ族の食い物、見渡す限りの雑草からとった名前である。先々代はインド叙事詩に出てくる王妃の名、先代もかの地では「かわいい子」を意味するが、日本では「馬鹿者」という意味だとか。知らなかった。それはともかく、ミドリという名は先代たちに比べてなんと分をわきまえていることであろうか。

ミドリは巨乳の系統で、搾乳期は地面に付きそうなほどに乳房が脹れてパンパンになる。

歴代ヤギで最高の泌乳量である一日に四リットルもしぼれるので、日々の力仕事にはコーラなんぞよりは冷やしたヤギ乳が何より甘くて旨かった。飲むだけでなく、カッテージチーズ、スープなど、我々が受ける恵みは限りがない。最近は人間も〝◯×カップ〟とかでヤギ並みの評価をされているらしいが、とても実用ではミドリに敵わない。

実際のヤギ乳を飲んだことのある人が減っていて、「青臭い」という噂が一人歩きしているが、そんなことはない。搾乳後すぐに沸かして冷蔵庫で冷やせば、搾乳時の臭いなどすべて飛んでしまう。自分で草を食ませ、乳をしぼり、新鮮さを丸々飲む。これは贅沢だったし、幸せだった。

貧農がいなくなった今、ヤギも消えつつある。乳は仔を産まなくては出ない、という哺乳類の鉄則を女性でありながら知らない輩が増えた。こういう女性は自分で試すしかない。

ヤギではまれに未経産でも泌乳することはあるらしいが、ボクはまだ見たことがない。モノの本によると、二歳齢頃から乳房をモミモミするマッサージを毎日やるらしい。なんか、いやらしいではないか。そこまでして未経産ヤギに乳を出させたいのか。まぁ、この研究をした男が変態じゃなかったと信じよう。

乳は仔に飲ませるものだ。家畜の場合はちょっと人間が横取りしているだけの話である。ところが酪農ではちょっとではないのだ。分娩直後に仔牛は母牛から離されて、一生、母牛のおっぱいを吸う機会がない。人間が百パーセントしぼって取るために仔は離して飼育者が哺乳する。こんなことは日本人だったら考えなかったろう。みごとな搾取ぶり。でも欧米の酪農技術はそうなっていて、日本はそれを真似て今に至る。母牛はいったん離されてしまった仔牛が柵を出て母牛の元に駆け寄り、乳をくわえようとすると足で蹴って倒してしまう。なんとも侘しい畜産の光景である。

128 ミドリの仔を屠る

その点、ヤギ族は母性が強く、ホッとできる。ミドリは毎年のように出産して、上手に子育てをしたが、ある年、そのミドリの大きくなった仔を年末恒例の謝肉の日にうっかりボクらが食ってしまった。

たまたま、ヤギ小屋でミドリを乳母として育った「シン」（人間（ボク）の子）にとっては当然、義兄弟になる。

仔ヤギの屠殺はいつものように自由参加だ。大人も子どもいる。みんな真剣な顔つき。ところが屠殺を終えて解体精肉し、おいしく調理してみんなに振る舞っていたとき、シンがボクのそばでぽつんと言った。「アッパーはぼくの友だちを食べちゃった……」。

えっ！あっ……。

後々までシンの心に傷を残してしまった。本当にゴメン……。

でも、いたいけない可愛い盛りの仔ヤギを屠殺することで、人間である自己の素性を知る避けられない場面になったと思う。他人が手を下したラム肉のステーキを心を込めて食うためにもね。

129 スイが生まれる

愛らしいミドリに発情のカタマリのような種オスの純血トカラヤギであるきんたがムコ殿に入り、忘れ形見を残した。この仔が、ミドリ（ザーネン種）の血が濃く残った白ヤギの「スイ」である。

ミドリとの違いは、トカラの血が乳房にだけ現れて、ちっちゃなオッパイになったことだろう。これではミルクはしぼれない。動物農場を開いて以来、延々飼い続けたヤギは日本ザーネン種。スイス原産のいわゆる〝白ヤギさん〟で、体が大きくミルクをたくさん出してくれる。日本在来の白ヤギは体の小さな肉用種のシバヤギで沖縄で食べるヒージャー汁（ヤギ汁）とか刺身となるヤギはこのシバだ。

スイは動物農場最後のザーネン系ヤギになったが、シンの悪戯仲間として育った。

幾年か経ち、ミドリの乳房もしぼみ、年を経た風格と穏やかさがあたりに漂ってきた。でも、相変わらずミドリは動物農場の優しい母であった。その後増えていったやんちゃな混血トカラもたちもミドリには逆らわない。羊もウサギも逆らわない。

そんな穏やかな雰囲気のまま、一二月の寒い朝、昇天した。幼友達だった犬のノンタが大往生してから一か月半後である。

たくさんの幸せをありがとう。肝っ玉母さんのミドリ、そしてノンタ。

ミドリとスイ

第2部

アッパーの動物記「家畜と呼ばれる愛すべき仲間たち」

第13話 ドジ犬ノンタの巻

130 ノンタの生まれ

ノンタについて語ろう。

一九八六年秋。友人の朝霧高原乗馬牧場に遊びにいったおり、いつもの懐っこい雌のシェパードにころころした仔犬たちが幾頭もじゃれていた。

まぁ、誰でもそうだが、ボクは仔犬の可愛さには目がない。

「いつ、生まれたんだい?」「無計画出産なんだ」「?!」

つまり、猟犬くずれのノラ公のオスがかかってしまったらしい。

「かかる」というのは「かかる」ことである。このあたりは、猟期が終わると猟犬の捨て犬が増える。二月一五日に猟期が終わり、次の出番は一一月一五日の解禁日である。この間、飼い続けて訓練する手間よりも、毎回、新しい犬を買ってきた方が手っ取り早い。もちろん、みんながそうしているわけではなく、ごく一部のやくざなハンターがいるというだけの話である。

しかし、そのために富士山麓には猟犬くずれが多いことも事実だ。ボクも山で群れに囲まれたことがある。単独で調査や山歩きをするときは、棒切れを持って歩く。

そうした猟犬が山のふもとの馬牧場にやってきて、可愛い？シェパード嬢に言い寄ったのだった。ちなみに、大半のこうした即席のノラは町と違って山では餌が捕れず、衰弱死するケースが多い。

いかに猟犬といえど、日々の餌を野生から捕るように教わってはいない。また、そう簡単に捕れるほど日本の山はのんきな野生動物が豊富にいるわけでもない。ガリガリにこけたノラ公ばかり見るが、栄養豊かで精悍なノラなどお目にかからない。

つまり、犬は人間に飼われ、改良された動物であり、オオカミにはなれないのだ。

131 ドジ犬のノンタ

仔犬の中でもっともいたずら好きで図体の大きなヤツが「ノンタ」だった。ボクはこの犬を貰い受けて帰った。

当時、動物農場には長い間、動物たちのまとめ役を務めてきた雌の大型コリー犬の「アーゴ」がいたが、車にひき逃げされ、二度の手術、長期の介護もむなしく、死んでしまったあとだった。体の大きなアーゴがあまりにも存在感が大きく賢い犬だったために、ボクたちはアーゴ亡き後の喪失感に陥っていた。

当時も個性的な動物たちはいたのだが、アーゴを軸に動物農場は回っていた。

最初からアーゴに比較される形で入ってきたノンタだった。

これでは勝負にならない。かたや、理知的で愛情深い雌のコリー。こなたは、ただでさえ感情の赴くままに転げまわり、ドジばかり踏んでいる仔犬である。

「お前はホントにバカだねぇ」と来る人ごとに言う。まことに不幸な幼年期であった。

しかし、次第にノンタは人気者になり、アーゴの空白は埋めないまでも、農場には融け込んでいった。これにはノンタの努力も大きかったことを特筆しなければならない。仔犬の時から優しい声をかけられると嬉しさのあまりに尻尾をちぎれんばかりに振り、オシッコを漏らすほどだった。

このへんは「バカだねぇ」の根拠のひとつである。

でも、喜び表現も徹底してやるとみんなも納得してくる。ノンタはひとしきり尻尾を振り終えると次にはコロリとひっくり返り、腹を出すと「ねぇねぇ、撫でて」とおねだりをする。

この仰向けポーズはアーゴでもやらなかった究極の「マイリましたポーズ」である。受けがよいと見たノンタは、来る人ごとにやり始め、ついには終生、定番のポーズになってしまった。

なにしろ、活力にあふれた犬だった。ひとときもじっとしていない。あっちこっちと走り回り、餌入れをひっくり返すは、鶏は追っかけるはで騒々しい。およそ、元気な仔犬がやることは全部やったと言えよう。その結果、ドジでオッチョコチョイという評価が定まり、ノンタのキャラクターは出来上がっていった。

132
浮浪犬加わる

ノンタが成犬になった頃、シェルティ(シェットランドシープドッグ)の浮浪犬がメンバーに加わった。

知る人ぞ知るあの「ラフ」である。（第9話「自由犬ラフ物語」参照）

この超個性的なラフの登場はノンタにとって幸いだった。

なにしろ、周囲におもねない、超然としているラフは、ノンタの性格とは月とスッポン。

しかし、この二頭は最初から喧嘩にならなかった。いずれも、よその犬に吠えかかるという性格ではなく、猛り狂う犬の脇を涼しい顔で歩く。しかも、言い忘れたがノンタはメス、ラフはオスだった。

さて、なにがノンタに幸いだったのか。

仔犬の頃、賢いアーゴに比べられて損をしたノンタだったが、次に登場したラフがあまりにもアバウトな犬だったうえに、およそ、犬らしさに欠けていて、哲学青年風なのだ。そうするとノンタの株が上がる。両親の血を引いて頭がいい。嗅覚が鋭く、誰よりも早く狐などの外敵の侵入を発見する。

しかも一切、無駄吠えをしない。いきなり「賢い犬ねぇ」である。

何のことはない。ドジで間抜けで手前勝手なのは飼い主のほうだった。

133 ラフと夫婦になる

あっさり系のラフがパートナーとなり、我々もオスだメスだという感覚があまりなく、日ばかりが過ぎていった。そのうち、酒飲み仲間のお隣さんに由緒正しいお嬢がやってきた。シェルティの

「チョコ」である。このお嬢は、由緒正しい王子様に何万円だか払って種付けしてもらうんだと、お隣さんが言う。それならうちは一銭もいらないからラフでどう?と聞いてみた。

浮浪犬で洗っても薄汚い容貌のラフだが、きっとかつては名のある王子だったに違いない。と勝手に納得して話は決まった。


こうして二回もラフはお隣のお嬢のタネになった。

それをノンタがどう思っていたか今ではわからない。

相変わらず、腹を出して甘えていたが、ラフにはどうも愛想がないようだった。

ラフとお隣さんのチョコとの子どもは二回生まれ、それぞれ一頭ずつ貰って、ペペとココと名付けられて育った。

ラフは相変わらず、我関せずで気取っているから、ラフの息子たちの仔犬時代はノンタが面倒を見ることになった。ノンタはこの点、面倒見がよい。でも、考えてみたらノンタとラフの仔っていないね、という話になった。いまさら、何よ!といわれてもしょうがないが、人間なんてこんなもんである。

134 ノンタは子沢山!

ラフとノンタは発情期にうまくかかってくれた。ところが生まれた仔犬がナント一一頭!!

ノンタは多産系だったのだ。こちらが恐れ入るほどノンタの甲斐甲斐しい世話振りは際立った。

ようやくの苦労でご近所に仔犬たちを貰ってもらい、一頭残ったのが「トト」である。もうおわかりのように、トトの腹出し芸はノンタ譲りだ。

ラフがフィラリアで死んでしまったあと、ノンタは動物農場のすべての動物たちの母さんになっていった。ウサギたちはノンタの小屋にもぐって寝た。もともと優しい目をした犬だったが、晩年も目の穏やかさは消えることはなかった。

しかし、可哀想だったことは、動物農場から事務所が引っ越し、夜には無人となってしまったこの数年だった。まるで置いてけぼりを食らったような顔をしていたのが忘れられない。

近くに新しい本校建屋群が完成し、ノンタはここで余生を送るはずだった。ところが、長い間に乳房にできていた腫瘍の手術をした直後に死んでしまった。

今、本校の富士山を正面に見る高台の美しい大木の根元に、ヤギの「ミドリ」、羊の「キレミミ」と並んで眠る。いずれも長年の友だ。

ノンタの腹出し芸

ノンタの面影がトトに濃くなり、驚くほどだ。ボクたちは多くの気のいい仲間を看取ってきた。動物飼いの宿命なのだと思うしかない。

第2部

アッパーの動物記「家畜と呼ばれる愛すべき仲間たち」

第14話 動物農場の肝っ玉母さんの巻

いつまでも残暑の残る一〇月のある日、動物農場の主、雑種犬のノンタが大往生した。半月前に乳房の腫瘍を除去する手術をしたばかりだった。

そして続く一二月にノンタと双璧をなしていたヤギ族の大長老のミドリが他界した。

この二頭は農場の歴史を語るうえでも欠かせない存在であり、はたまた、多くの人間たち以上に個性を輝かせていた。

彼らに世話になったものも多い。ひよこやウサギたちは幼い頃に害獣の襲撃をノンタによって食い止められたことも数知れない。ヤギのミドリのおいしいミルクは人間ばかりか、さまざまな動物たちの滋養の薬として体を養ってくれた。

ちなみに、人の目を盗んでチョコマカとイタズラをし続けるヒト族のシンは、ヤギのミドリを乳母として、幼稚園にも行かずにヤギ小屋で育った幸せモノだ。

135 群れる動物たち

動物には群れるものと孤立するものがいる。別段、個人的な主義でそうしているわけではない。

れっきとした由緒正しい遺伝的本能であって、本人の意思ではない。

氷河期の終わり頃、我々のご先祖様が野生動物を捕らえて〝家畜化〟を図ったとき、その第一の選抜基準が〝群れること〟だった。

群れを構成するためには上下の階級意識が必要で、ボスを頂点にした問答無用の縦割り社会となる。それが人間には都合がよかったわけである。

人間も動物学的には〝群れる〟種族なので、その片鱗は今でもいろいろ見ることができるが、その習性がよく残っているのは「やくざ社会」と「役所」だろうか。ちなみに政治家という族は群れる階級社会の典型でありながらコロコロとボスを換えるので、動物学的には理解しがたい無節操社会を形成している。

群れることはボスを中心に統制が取れていることでもあるので、そのボスを制御すれば、その他大勢は自動的に言うことを聞く仕掛けだ。

かつてアフガンの荒野を旅していた時、人けのない草原で六歳ほどの幼い少女がひとりで羊の大群の番をしているところに出くわしたが、その秘密は、一頭のヤギだった。

この一頭を棒で指示するだけで、後に続く大勢の羊は従順に言うことを聞いていた。

136
種を越えた家族

動物農場もこうした群れ社会で基本的には構成されている。

ところが、この農場に以前、大学の先生たちが〝調査〟にやってきたことがあった。

現代の畜産界では牛、豚、鶏という同じ単一種の動物だけを大規模に飼育するのが常識だ。そんな畜産業界のなかで、ボクの動物農場ではヤギも羊もウサギも犬も、鶏やモルモットなど、種々雑多、顔も形も習性も違ういろんな連中がみんな同じ放牧場で仲良く暮らしている。

しかも薬など投与もしないのに病気もほとんどない。ウサギがけんかすれば鶏が叱り、鶏が餌の奪い合いをすると犬のノンタが叱る。

仔ヤギや仔羊のやんちゃ坊主たちはノンタが見守る中ではしゃぎまくる。

ミドリは多くの人間と動物たちに豊潤なミルクを毎日提供してくれた。血気盛んな若ヤギもミドリには歯向かわない。彼らは同じ種族内ばかりか、種の違いを越えてひとつの環境を共有する仲間として暮らしていた。動物種的には別種である動物がここでは大きな群れ全体のボスとなる。

大学の先生たちはこの点に強く興味を持ったのだった（第2部175ページ参照）。

137
ボスの風格

歴代のボスが動物農場にはいた。

さらに、個々の種族にもそれぞれにボスがいる。そうやって、ボスとなる動物たちを見続けていると、面白いことがわかる。

単に喧嘩が強いだけではみんなが認めない。子どもの面倒見がよく、人徳?が必要だ。

それに一種の風格が求められる。

チャボの大ボスのオトーチャン亡き後、跡目を継いだ体のデカイ若チャボは、雌鳥や雛より先に餌を喰ってしまう馬鹿者だったし、ヤギのきんた亡き後、混沌としたヤギ族の中で台頭してきたハンサムなリーゼントヘアの若ヤギ「ピーター」は誰にでも喧嘩を売る癖があり、ヤギ族の嫌われ者だった。ほかの動物に対してもいさかいを起こしてばかりいるので、ボクらが秋に食ってしまった。

そう、ボスの風格という話では、我らヒト族もまったく動物の一種なのだとよくわかるではないか。それなのに、ヒト族はなんと風格もなく、利権だけで結託したボスの多い社会なのだろう。

肩書も地位も財産もなくして一皮むけば、この世もすっきりしてわかりやすく住み良くなるに違いない。ボスを気取る者の大半は消えてなくなるであろう。

ノンタとミドリは動物農場でしっかりとボスを務めた。いや、〝肝っ玉母さん〟と呼びたくなるような存在だった。

心は優しく、大勢の仔を育て、堂々と歳をとった。

九八年の秋に新しく砦のように強固な耐震建築群で再オープンしたホールアース自然学校本校の下の谷間に動物農場を移し、彼らにのんびりと余生を送ってもらいたかった。

我が人間のささやかな苦労もみんな脇で見ていた彼らだった。

第2部

アッパーの動物記「家畜と呼ばれる愛すべき仲間たち」

第15話 動物農場ってなんだの巻

138 動物農場の迷い

動物農場もそろそろ役割を終えてきたかな。と、行く末の迷いが浮かぶ。動物飼いというふたまたをやめて「自然学校」の活動に全力投球しなくっちゃならないかな……。

と言うのも、ずいぶん手を広げてきた動物農場の日々にも曲がり角が見えてきたし、なかでも、田舎にドロップアウトする人の定番と一時は言われて全国的に広がった「自然養鶏会（鶏の生態に近い方法で飼う養鶏法の全国組織）」の活動もボクは面白くてかなり時間を割いて新田舎人を応援してきた。でも自分自身が忙しすぎて会務も五年前に離れ、「動物農場の玉子」でテレビにも出て大人気だった自分自身の自然養鶏も閉じざるを得なかった。

鶏飼いは面白かったなぁ。毎朝の餌作りや小屋補修、給餌、給水器の工夫など、毎日、いつも考えていて飽きることがなかった。今では自家用四〇羽程度。役場もボクらを「畜産業」と言わなくなってきたし。

でも、もともと畜産業として始めたわけじゃない。家畜という名の動物たちが面白くてたまらなかったし、何より好きで始めただけだ。そもそも、農業でも観光業でも〝業〟と言われるような向き合い方をボクはしたことがなかった。お百姓さんには申し訳ないけどね。しいて言うなら、〝生き方〟とか〝暮らし方〟に関心があったのだろう。

役場というところはどうしても分類しないと気が治まらないらしく、「畜産じゃないとすると、サービス業だけど、自然教室ってサービス業の項目にないんだよね」。勝手なお世話じゃ。項目にないなら空欄でいいじゃないか、と思ったりするが、これしきのことで役場との喧嘩は避けておこう。

かくして動物農場は役所の担当者が変わるたび、観光業だの畜産業だの右往左往した挙句、「そのほかの職業」になった。

139
元気な田舎「動物農場」

今の動物農場には、ロバ、ポニー、羊、ヤギ、ウサギ、モルモット、鶏、ホロホロチョウ、犬がいる。まぁ、人間もいる……。以前はさらに、アヒル軍団、チャボ一族、ガチョウもいたし、飼わなかったけど、鹿や象を引き取ってくれという依頼もあった。この時代、門戸さえ開けておけば動物たちは向こうからやってくる。動物農場は動物たちの駆け込み寺にもなっていたんだろう。

つねに開放している農場には近所だけではなく、遠くからも遊びにくる人が毎日のようにいる。春、夏の遊牧民キャンプではキャンプ場に動物が〝移住〟して子どもと共に暮らす。そう、人の子も動物も〝放し飼い〟だから面白い。毎日、痛快な事件だらけ。そして、近隣の学校や幼稚園に移動物場に行き、子どもたちに動物体験の場を持ってもらう。畜産とも観光とも違う家畜動物たちの活躍は日本中に話題を提供して、テレビやラジオ、新聞などの取材や収録も数多く、行楽シーズン幕開けの春になると一日おきに新聞かテレビに出るほどだった。各局の旅番組の訪問場所として取り上げやすかったのだろうし、タレントもたくさん来た。ボクも某テレビ局の企画番組のレギュラー主演となり、「天然ぼうず」と題したこのミニ番組は一年を通してビートたけしの人気番組を食って視聴率を稼いでしまった。

NHKの「昼どき日本列島」の生放送では二度もメイン中継されて、ディレクターから「広告換算で一億円ですよ」と言われたが、広告は一〇〇円でも出したことがないので、「あぁそうなんですか」と気のない返事をしておいた。近所の爺さんも「おみゃあ、売れないタレントより露出度高いなぁ」と言ってくる。売れないタレントはこんな例えに引き出される。やれやれ、身につまされる。

140 ホールアース自然学校になる

ささやかな動物農場から始まって、富士山を庭にしたような牧場を掛け持ちし、その絶頂のときに牧場に見切りをつけて、またまた〝裸一貫〟になったのだが（第2部172ページ参照）、新・動物農場の再出発は初めから賑やかだった。

富士山にやってきた頃の個人商店と違ってスタッフが増えると、この仕事は〝組織・団体〟となる。すると労働基準法で雇用者は法人格が求められてくる。そこで、自分勝手に名乗ってきた「動物農場」という団体名称も会社にしましょうと勧められるが、それはボクの意にそぐわない。いろいろあってまず、団体名を改称することにした。

思えば初めの頃、自然のなかでのさまざまな冒険の活動や自然保護の活動プログラムを総称して「ホールアース自然学校（ホールアースは〝ひとつの地球〟という意味）」と名付けていたが、その名称がボクらの団体名と思われたか、全国的にはホールアース自然学校で知られるようになった。結局、団体名を「ホールアース自然学校」にして、「動物農場」はホールアース自然学校の動物部門として残す。昔とちょうど逆転した形だ。

名が変わるのにはためらいはなかったが、役所が〝管轄〟なんて言ってくる法人になるのはしゃらくさい。役所ありきで始めた仕事じゃないし、誰かに指導されたわけでもない。何でもできる自由さが性に合っていてやっていることだ。だから、「ホールアース自然学校」は会社にもせず、その後に法律ができたNPO法人にもせずに任意団体で押し通すと決めた。今後も役所や法律に縛られたくはない。だから、必要に迫られている法人は仕方なく別に持つことにした。会社とNPOがそれぞれ登記されて別組織として生まれた。動物農場もその後継のホールアース自然学校もボク同様、天下御免の自由の身である。やれやれ、人は好きなことを思い切りやっていると、〝業〟として登録させられ、次には法人登記をさせられる。こうしてお上はボクらを絡めとっていくんだな。

でも相変わらず地元では「動物農場」が巾を効かせているし、人気が高い。その名だけで割り引いてくれる商店すらある。近所の爺ちゃん婆ちゃんたちは動物農場の動物たちに年中、野菜をドサッと持ってきてくれるし、ボクとスタッフたちは動物向け野菜の山からおすそ分けしてもらってなんかおかしいなと思いつつ食べる。そう、地元ではこの後も長い間、ボクらは「動物農場」だった。

141 家畜のいる暮らし

ボクは動物が好きで飼い始めた。飼ってみて、動物（家畜）が居る暮らしというのが、とても自然体の生活だと実感できた。これはボクがこの暮らしに入るまでにアジアでの生活をしていたことが大きい。もちろん、当時、アジアでも増殖しつつあったニッポン株式会社の商社マンなどの特権階級的な生活ではなく、むしろ貧民層に近いというか、都市よりも辺鄙な田舎や荒野での、日本人が誰もいないような土地での生活だった。だから、二十代の一〇年間に繰り返しアジアに出た暮らし方が、〃人間の暮らし〃を実感させてくれたし、ボクにとてもフィットしているという思いがあった。まぁ、いつでも裸一貫になれる自由さ、徒手空拳のような気楽さがボクは好きなんだろう。

人間だけしかいないような都市の暮らしよりも、人と動物、とくに〃家畜〃と呼ばれる動物たちがつねに身近にいるひと時代前の暮らしぶりのスタイルが、人の幸せ感を生み出してくれるし、ボクは好きだ。人はこの地球に〃人間〃ひとりだけでは生きていけないのだから。

家畜動物の存在はちょっと気取って言えば、人間という生き物の存在を考える鏡になる。生態系とか、連鎖という言葉が現実の姿として人間と家畜動物の関係にはある。今、流行の「生物多様性」なんて言葉もボクのような家畜動物の飼い方をすればずっと理解できる。もちろん、それ以上に人間の生き物としての潤いとか、情緒的な感性を考えてみても彼らの存在は重要だ。視界のなかに閑かな家畜動物がいることの意味は、人間社会を穏やかな居心地の良い状態に保つ。

これは「農」と人間の関係を考えても同じではないか。〝農業〟と名付けた途端、人間の暮らしぶりや喜怒哀楽がどこか行き場を失い、食糧生産ばかりが幅を利かす。でも、こいつは単なる生産（経済）関係だけではくくれない。小さな苗や、芽ひとつでも生き物を育てる本能というか、幸せ感が人間にはあるはずだ。だから、人間的な湿度の乏しくなってしまった現代のこの国の子どもたちに、人間の在り方、本来の姿をわかりやすく体験させる場として「動物農場」が存在して、調子に乗って始めた牧場の方は話題を呼んで静岡ローカルを超えてしまった。「遊牧民キャンプ」や「移動牧場」は今も大人気だ。そこで家畜動物たちが果たした活躍はとても大きかった。それはボクという仕掛人の予測をはるかに上回った。

生き物と生き物は共鳴している。巧妙な〝生き物モドキ〟の「たまごっち」やセガのゲーム機では真似のできない世界がここにはあった。

142 邪気のない動物たち

家畜動物はペットではない。しかし彼らの魅力や能力は問題なしにペットにもなり得る。そんな彼らとどういう関係を作り上げるのか。ボクは明確な答えが出せないでいた。日々の世話をし、餌作りと餌やり、羊からは羊毛をもらい、ヤギからは乳をもらい、鶏から卵をもらっているギブ・アンド・テイクの関係は、愛くるしい動物たちとの牧歌的な生活ではあった。家畜動物たちは無邪気で愛らしい。人間の伴侶としての素質も十分だ。彼らの魅力に惹かれるあまり、ボクはその種としての役割を見失うことに悩んだ。しかし、家畜動物が宿命として持つ、〝肉〟という究極の命題にいつまでも目を背け続けてはいられない。

動物を飼い始めて一年ちょっと経ったある日、意をけっして、増えすぎたチャボの若オスをつぶして食べた。我が子たちも立ち会った。鉛を食ったような気分だったが、その日を境に、ボクは家畜動物と人間が逃れられない関係を持っていることを知ろうとして、今の日本では誰もやっていない世界に足を踏み入れてきた。

それは、自分で飼い、自分で食べることだった。

143 命を食べる

動物農場は屠殺と解体を自ら体験して、命が命に引き継がれるという事実を、自分たちだけではなく、多くの人にも知ってもらう活動にしようと、一〇年近い年月、試行を続けて「命を食べる」と名付けたプログラムに育て上げてきた。ほかでもない、愛情を注いで飼い育てた者が、もっとも自然に屠殺者になれる。羊も子ヤギも鶏も穏やかに命をくれた。

育てる人、殺す人、食べる人がみんな違う人という今の社会システムが多くの誤解や偏見、無理解を生み出してきた。そこをボクは突破したかった。

144 動物農場の「命を食べる」活動

動物愛護団体からは「虐待だ」と執拗に抗議も受けた。あまり思い出したくもないが、この〃抗議〃はかなり陰湿で偏執なやり方だった。誰もが屠殺なんて見たくもないし、関わりたくもない。肉はパックされているから売れる。嫌なことは人に押しつけるというこの国の性癖が、このときの動物愛護団体のやり方で見えたような気がした。やれやれだった。

「命を食べる」は大きな反響を巻きおこし、さまざまな野外教育や環境教育団体に広がっていった。自分たちが奪う命、消えゆく命と真っ正面から向かい合い、涙する人も多かった。ボクたちはそんな中で、けっしてキワモノ趣味に陥ることなく、淡々と命を貰い続けてきた。屠殺のためにつながれている鶏に対して攻撃的なチョッカイを出す子どもたちは必ずいる。しかし、それを厳しく

命を食べる（左上から時計回りで）鶏を捌く子どもたち、豚を捌くアッパー、仔羊の屠殺1・2、子ヤギの屠殺

静止する子どもも必ずいた。そしてしまいにみんな無口になり、すべてが終わる。

「命を食べる」で重要なことは、さっきまで生きていた動物の肉を、おいしく食べることだ、とボクは思っている。精神主義で頑張るのではない。あくまで、おいしく、楽しく食べる。

そのために、必要以上の苦痛を伴うような屠殺法や技術の稚拙さは、見ているものに不快と胸苦しさを覚えさせるし、一時、いくつかの団体で流行った、過剰な〝お祈り〟も結果として肉を食べづらくする。ボクたちは手際よく、鮮やかに淡々と屠殺した。動物たちも飼い主であるボクらの手が触れ続けることで、恐怖や不安から明らかに免れていた。見る見る肉になっていき、もはや、ブロック肉となった命は参加者の手で、さまざまに調理される。

一刻のちには、香り豊かなご馳走をひとり残らず食べてくれる。顔はにこやかだが心に強烈な振動が打ち続けていることをボクは知っている。

普通の暮らしで日常的に動物を屠殺することはまずない。だから、せめて一生に一度でもこうした体験を肌身で味わってほしいと思う。〝命を食べた〟人は、野菜や穀物にすら命を見ることができるようになる。日本人が忘れ去ってしまった、食べることへの謙虚さ、ひたむきさ、生きていて食べ物になってくれたものたちへの心配りが今になってとても大事なことに思える。まさに「(命を)いただきます」なのだ。

145 庭先家畜を飼おう

ボクは「屠殺」を一過性の体験にして売るイベント屋ではない。現状の日本では欧米やアジアの国々のように生きている動物が目の前で屠殺され肉になっていくようなことは、もはやあり得ないが、ボクの幼い頃はむしろ普通だった。

ボクは東京の吉祥寺という街で生まれ育ったが、自宅のすぐ近くにあった「伊勢屋」という焼き鳥専門店の裏口では毎朝、竹籠に詰められた生きた鶏を一羽ずつ取り出して首をポンとはね、ドラム缶の中に放り込んで放血していた。ボクはそれをぽかんと見る子どもだった。

そのせいだろうか、少年時代はほかの子が虫たちをけっこう残虐に殺して遊ぶ時も手を出せなかったし、授業でカエルの解剖をやったときはカエルに感情移入してしまった。ちなみにどの班も女子が積極的に腹を開いていたシーンは目に残っている。男とは違う種族だとひそかに思ったものだ。

自分で動物を屠殺して食べようとは、現代、無理な話だということはボクもわかる。だからせめて、動物を飼うこと、それも家畜動物を飼うことをいろいろと人に勧めてきた。相当熱心に勧めたので、ここから人生を変えてしまった人も幾人もいる。まぁ、本人も後悔はしていないことを祈るばかりだ。でも、普段着の自分として、家畜動物を身近に感じ続けることは驚くほどのいろいろな効果を生んでくれるものだ。

子どもの情操教育という定番の効果は横に置いても、家族のつながりが動物によって強められることは間違いがない。人間様の世界ではストレス抜きには世間を渡ることもできないが、動物は打算も裏切りもない。彼らがくれるのは玉子やミルクよりも、充実感や幸せな時間だ。

犬や猫を飼っている人はいても、ヤギや鶏、馬を飼っている人はなかなかいない。だから、考える前に「無理だよ」と決めつけてしまうのだが、わずか数十年前の食糧不足の日本で一七〇万頭におよぶヤギ・羊が一〜二頭ずつの単位で日本中の農村で飼われていたのだ。

日本はこうした動物たちに生きやすい優しい自然だということを知ってほしい。

ボクが奨励する庭先飼育とは、庭や近所に借りられるわずかな空き地があれば、すぐにでも始められる方法だ。餌は日本中ふんだんにある雑草や野菜くず、残飯でOK。お金もかからずに飼える動物は、一〜二頭のヤギと数羽の鶏だ。彼らは年寄りでも子どもでも安全に世話できるし、生活が楽しくて仕方なくなるのをじっくり味わえる。

146 悪法の「新・農業基本法」（一九六一年）

かつて、日本中の農山村の風景だった畔や空き地で草を食む羊やヤギ、庭で土をひっかく鶏たちがあっという間に消えてしまったのは、昭和四〇年代に出された農林大臣の通達が原因だ。農家が飼う家畜動物を牛・豚・鶏のみ「経済動物」として奨励して強引に大規模化を進める一方、牛、豚、鶏以外に長いこと農家の庭先につねにいた動物たち＝農耕馬、ヤギ、羊、地鶏、ウサギなどの家畜は切り捨てる政策が強行されたのだった。特別のハレの日に農家の庭先でつぶす鶏やウサギ、仔を産まなくなって屠場に連れて行かれたヤギや羊たちも、自家屠殺の禁止と屠場ラインの牛豚の独占によって屠畜すら困難になり、町の肉屋の棚にも載せられなくなって、こうした動物たちはあっという間に農村から消えていった。

一方で「経済動物」と指定された三種の動物たちは、それまでの牧歌的な庭先での少頭羽飼養をやめさせられ、補助金付きで次々に大規模化し、養鶏団地・養豚家といった単一飼育へなだれ込んでいく〝指導〟が全国的になされた。これは生態系や生物の特性を無視した悪名高い無機的な畜産工場化だった。日本の風景と農家の暮らしを変える強権的で情け容赦のないとんでもなく悪い法律だった。

今日の畜産工場化、薬漬けとなった悲惨とも言える畜産の現場はこうして〝効率〟を最優先する政策によって作られてきた。畜産に関わる農家も牧歌的な『牧場の少女カトリ』や『ハイジ』の世界とはだいぶ違う。コストのかかる大規模飼育を始めさせられた彼ら自身も借金地獄に陥り、動物飼いの良心とのせめぎあいに苦しんでいる。こうした姿を身近に見てきたボクは、国や役人が涼しい顔で現場を無視していく恥知らずな政策や無策ぶりに今も頭から湯気を出すほどに憤りを覚える。

147 変貌する田舎

富士山を間近に仰ぐこの田舎に暮らしているうちに二〇世紀が終わろうとしている。その間にこの土地のそこかしこにあった赤牛、ヤギ、鶏などの家畜飼いも次々消えて絶滅状態となった。農家を取り巻く社会構造が大きく変化し、庭先の家畜小屋は車庫になったり、あふれる家財の物置にな

った り。そしていつの間にか、動物を飼っていた記憶までもが消滅しつつある。動物農場のご近所はさすがに理解はあって、地区の花見会や忘年会も動物農場を会場に行われている。

ところが先日、少し離れた地区の会合に出て驚かされる発言にぶつかった。それは数十年前までどの家でも飼っていた家畜に関する話題だった。その当時の記憶を強く持っている年配の住人が、「蝿一匹でもとんでもねえ。臭いなんてもってのほか」と口火を切ると、周りの人たちも都会の住民のように「そうだなぁ」と同意をしていたことだ。みんなここで暮らし育った四十代後半から五十代のオジサンたちだった。この世代は化学肥料、農薬漬けの農法で育ってきた世代だから、田んぼにドジョウもカエルもいないのが当たり前、畔の雑草は刈るよりも除草剤で撲滅する。その恐るべき毒が田や畑から作物に入り、散布中には本人の体にも入っていき、年老いてから体を蝕んでいく怖さが当事者過ぎて見えていない。戦後の農業政策で大きく勘違いしてしまった今日の日本。

農山村の住人でさえ、田舎は景色だけが良いところと思ってしまうのだろうか。虫も（害虫も）小鳥も（牛豚の臭いも）、生い茂る雑草も、生き物の気配が濃くある土地ではないのだろうか。そしてそんな環境こそが、人間の人間らしい暮らしに不可欠なものではないのだろうか。そういえばこの田舎でも庭を舗装したり、ビッシリと砂利を敷く人が出てきた。わずかな庭からでさえ草木を完全に排除する暮らし。考え込まされる寄り合いでの出来事だった。

148

家畜たちのもうひとつの生き方

自然学校の活動は、年を追うごとにフィールドが拡がり、スタッフも多くなる。自然教室などの業務に追われるような時期には、手間のかかる家畜の世話や牧草作り、自給用に耕作していた畑や田んぼが、なかなかに重荷になってきた。なにしろ自然学校のシーズンは春から秋に集中する。それは畑や牧草のシーズンと重なる。無理があるのなら動物農場や田畑の農場を、いっそもう店仕舞いしようかと頭をかすめる。まるでデジャヴのように、幾年か前の牧場時代の再現がやって来たようだ。

でも、牧場と動物農場では中身がずいぶん違う、と思い返す。ボクたちがこうして牧歌の動物農場を営むのは今の時代、たしかに贅沢なんだろう。でも嘘や疑いの入ることのない、人間以外の仲間に囲まれ彼らの澄んだ瞳に心和まされ、疲れた気持ちも癒される。何より、ここにやってくる子どもたち、最近は大人も多いが、彼らがじつにいい表情になっていくのをたくさん見ているじゃないか。

だからやっぱり、自然学校と動物農場のふたまたは折り合いを付けながら今後も続けていきたいと思う。ボクの本心はそれを望んでいる。ほかの贅沢をしない分、許してもらおう。

一見、時代に逆行しているような動物農場だが、工場化する日本の畜産業とは違う、もうひとつの家畜たちの生き方がここにある。

家畜というと、人間の恣意によって生殺与奪されるかのような生き物たちだが、実は彼ら自身を主体に考えてみれば、どんな生き方（飼われ方）がいいか、明白になる。

家畜たちはその祖先種が生きた環境、食べた食性が、子孫たちにももっとも理に適っている。家畜種に枝分かれした子孫たちは、祖先種のような飢餓や捕食などの生命の危機につねにさらされるストレスがない。

人間の傍らでのびのび暮らすことを約束できた数千年、ほとんど変わらない暮らしぶりが家畜にはあった。でも、この二〜三〇年になって急速に環境の激変が起き、生き物だよ！と無言で訴える家畜たちは、有無を言わさずにモノ扱いになって、無機的で、無菌化した工場の様な畜舎に詰め込まれて、ブロイラーなどは死ぬ（出荷される）その日まで太陽を拝めない。

ヒト族と家畜種族が今の様な不幸な関係でいいわけがない。日本中の農山村で、動物農場の様な牧歌を求める人が、続々と現れてくれることをボクは信じている。

誰でもどこでも簡単に始められる庭先飼育、若き家畜飼いたち（リタイヤ後の中高年でももちろんＯＫ）が、日本の風景を変えてくれると思っている。

149 自然学校からも足を洗う

ところで、ボクが始めた自然学校は、当時は、まだ日本にそうした業態や名称がなかった。それが気づいたら日本各地に同様のことを始めた連中が居り、当然のようにボクらは仲間となって、共に自然学校を全国に増やしていった。

そして、二〇一〇年、ボクが自然学校を始めてから三〇年近く経ったこの国で、第五回の自然学校全国調査が行われ、なんと、日本中に三七〇〇校もの自然学校が稼働していることがわかった。ホールアース自然学校は全国で最大の民間自然学校であり、国内で初めて生まれた自然学校だった。

この自然学校全国調査は第二回以来、ボクが調査主幹を務めてきた。二〇一〇年の第五回調査を終えて、ボクは自然学校の全仕事を若いスタッフたちに明け渡し、また肩書きもない一人の人間に戻った。思えば、アジアの暮らしに始まって、幾度も〝裸一貫、足を洗って〟きた。

そうは言っても、この『アジア奮闘記・動物記』を読んでくれた皆さんなら、ボクが、幼い頃から一貫して〝本当のことを知る〟旅をしてきたとわかってくれるだろう。始めたらやめない。それは死ぬまで続く。

あとがき

本書の第1部「アッパーのアジア奮闘記」巻頭のインド編は一九七二年からの出来事であり、続くタイ編の「カンボジア難民キャンプ」が一九七九年から一九八一年帰国するまでの出来事を描いている。

このインド編とタイ編の章は、世間的に言うとボランティアと呼ばれる活動の日々になる。日本ではボランティアというと「無償奉仕」と訳されるが、本来の語義は「志願兵」であり、自発的な行為を指す。

本文を読めばおわかりのように、わたしはインドで障がい児が暮らすことのできる村作りで、自分が〝ボランティア〟だという自己認識がなく、〝一宿一飯、住まわせてもらっている〟ので当然のお返しという気持ちだったし、そもそも同居人たちが障がい児、障がい者という感覚もなかった。わたし自身、言葉が不自由だったように、人間誰でもどこか、何かが不自由なものだ。それを健常、障がいと分ける思考はわたしになかった。

この開拓地は現在、環境共生の実験的な施設を軸に大勢の人々が暮らす、インド国内でも著名な村となり、世界中からのゲストが訪れているという。黎明期以前と言えばいいのか、わたしの奮闘努力はなんとか実を結んだらしい。
http://www.janapada.org/

インド編に掲載された写真は、その開拓時から五年後にシルクロードの旅の途次、ふたたび南インドの地を訪れたわたしが撮った写真であり、開拓当時の写真ではない。

その理由は〝青臭い〟と言えばその通り、「風景は心で撮る」といった小生意気な思いで人生初の国外脱出行にカメラを持っていかなかったためである。本文中にもある通り、この思いは現地で幾たびも後悔させられた。カメラは持っていけばよかった。自分の記録のためだけではない。当時の南インドの辺境に暮らす人々、とくに底辺層の障がい児たちにとって、写真というツールは夢でしかなかった時代だ。彼ら自身やその家族の写真は彼らにとって宝物になっただろうと、今も悔やんでいる。

タイ編（「カンボジア難民キャンプの巻」）は、すでに日本にとっても歴史となったカンボジア内戦／ポルポトの大虐殺と、それに続く難民キャンプの救援活動が舞台だが、一九八〇年は日本の国際NGOの揺籃でもあったし、わたしの参加したJMT（日本メディカルチーム）は、のちに災害大国と呼ばれる日本が、海外の災害救援に向かう専門機関「国際緊急援助隊」の発祥となった活動だった。

この難民キャンプの活動は、インド時代のように単身の個人ではなく、組織に属し、宮仕えだったが、現場は多くの場合、自分の判断で即断即決、行動し、解決する出来事の連続だった。日本国内で考える〝宮仕え〟とはずいぶん異なった初宮仕えだったと思う。

帰国後は、アジアでの経験を一二〇パーセント生かした動物農場と自然学校の二つの活動に没頭して三〇年が経った。


第2部『アッパーの動物記』は家畜飼いのノウハウ本ではないし、学術的に価値のあるものでもない。でも、(多分に大袈裟に言わせてもらえば)社会学的には多少とも、意味のある著作だと思う。なぜなら、一九八〇年代から二〇〇〇年代にかけての日本の高度成長とバブル、その崩壊から始まる「失われた二〇年」に至る日本社会にあって、家畜という動物種とその飼育者である人間の関係を畜産でもペット飼育でもない「動物農場」という独特の視座から描いているからだ。

動物農場という視座については、第2部の第15話「動物農場ってなんだ」に詳しく書いた。

飼育の指南書や学術書は専門書店に行けばいくつも見つかるだろうが、動物農場のような、ある意味古典的な飼育者の目線から、さまざまな動物たちの出来事と声音がのぞけるような本はこれまで世に出ていなかったと思う。それも、鶏やヤギ、牛といった家畜たちであり、動物園の人気者となるような希少な動物種でもない。


昔から人は一生に二万人と出会う、と言われてきた。その出所や真偽はわからないが、二〇世紀後半から本格的に始まった大交流時代と言われるこの時代、もっと多くの人と出会っているはずだ。もちろん、出会うということは、その濃淡は別にして双方何らかの関係を持つ、という意味だ。

では、動物たちとはどのくらい、人は出会うのだろう。

ペットを飼ったことがない人でも、身近に里の動物たちが多くいた数十年前なら、近所に鶏を飼っている家や、豚やヤギなどもいたかもしれないし、そんな家畜動物を毎日のように見たり、ときには餌もやる機会もあったろう。自分の家では飼えなかった犬や猫も友達の家では一緒に遊べた人も多い。

もっとやんちゃであれば、スズメやメジロを捕まえたり、タヌキに餌付けをしたりして名前を付けて遊んだ人もいる。そんな動物たちはその人にとって特別な存在だし、記憶に長く残る。

単に数多くの人や動物と出会えばいいということではない。

大事なことは、多様で多彩な人、文化、思考、信条、価値と出会うことだとわたしは思っている。できれば子どものうちからそうした環境があると素晴らしい。

野生動物インタープリターの養成

でも残念なことに我が日本では近年、急激に、そして著しく動物との接点が薄くなった。たまに野生の猿やタヌキが街に出てくればマスコミがこぞって大騒ぎだ。アザラシが都市河川に迷い込んだら、観光資源にさえなってしまう。ところがそうした動物への世間の反応は「可愛い！」か「気もちわりぃ」の二つの語彙でしか表現できないほどの貧しさ。日本人の動物観はとても貧弱な時代に入ってしまった。

世界各地でも都市が急膨張する反面、地方や農山村は寂れ、廃村化が進行している。多くの人は都市生活者となり、まるで人間種だけのコロニーを形成しているようだ。この世界は約一三〇万種の生き物が発見されていて、その数は推定生物種のわずか一〇パーセントに過ぎないと考えられている。それなのに、人間（人類）というわずか一種だけしか見えない世界に閉じこもっているのだ。

近年、急速に被害が広がっている獣害や食害も鹿やイノシシ、猿たちが一方的に悪役なのではないのだが、苦しめ続けられる山村や農家では不倶戴天の敵になってしまっている。

そんな思いもあって、仲間たちと一緒に、野生動物と人間との関係をいい形で取り持つ「野生動物インタープリター」の研修もこの数年始めた。

本書を読んで関心を持ってくれる人がいたらぜひ、受講してみて欲しい。

研修主催：NPO法人日本エコツーリズムセンター

http://ecocen.jp/

ペットが危機だ！

ところでこの動物記に出てくる動物は野生動物を除いてわたしが飼ってきた家畜動物だ。

そして近年、一般社会というか世間ともっとも関わりが途切れてしまった動物群がこの「家畜動物」群だろう。本文中でも書いたように、養鶏場、養豚場、酪農の現場は人がめったに近づくことができない飼われ方をしている。わずか四～五〇年前の農村に当たり前にいたヤギ、羊、地鶏、肉牛、農耕馬など、個々の農家に庭先に小さな小屋で飼われていた動物たちは音もなく消え失せてしまった。代わりにペットが大流行だ。

といっても、この小型化した犬猫ペット群の世界は調べてみると、けっして閑かな風景ではなく、ペットショップ業界が仕切る無機的で寒々したシステムが動かしている世界だ。

昔、といってもわたしが子どもだった時代、大半の飼い犬も飼い猫も拾われるか貰われるかしてやって来た。どの犬猫も雑種だったからこそ、活力あふれて病気にもほとんどかからないで飼えた。

でも今、ペットを飼う人のほとんどすべてはチマタにあふれるペット業者から購入している。その仔犬仔猫たちは驚くことに大地を母親と走り回り、餌を共に食い、親子や兄弟のつながりの歓びを全身に沁みこませ、躾けを学んできたあの仔犬仔猫たちではないのだ。

ブリーダーやペット業者は子どもたちを早々に親から引き離し、ケージに囚われた仔犬仔猫は無菌化されていく。土に足を下ろさず、薬を飲まされ、もともとの祖先から食べ続けた餌も食うことなく、ペットフードで育つ。なお悪いことに、近年、犬や猫にガンが急増している。これも化学物質が多用されているペットフードが疑われている。

今後、幾世代か経てば、あの犬、猫たちは違う動物になってしまうのだろうか。動物のモンサント化（モンサント社＝植物の遺伝子を世界的に独占し操作するアメリカの多国籍企業）を連想してしまった

野生動物と家畜とペット

家畜動物はいうまでもなく野生の動物を人間が捕らえて、あるいは手なづけて飼い慣らし、祖先種とは異なる新しい動物種を数千年かけて作ってきた動物群だ。

「人間が利用するために野性動物から遺伝的に改良した動物（『家畜育種学』正田陽一東大名誉教授 著より）」である家畜たちを知るためには、その元となる野生動物を知る必要がある。

わたしは馬や牛、羊やヤギ、犬やウサギ、鶏たちを飼いながらその祖先種の生態をできるだけ調べてきた。すると、人間との絆で飼育法が出来上がっている家畜たちの知らなかった顔が見えてくる。今では当たり前になっているペットフードはなんて犬・猫の生態からかけ離れているのだろう。狂牛病だって草食動物の牛に死んだ動物の肉骨粉を餌に混ぜているところから発生した病気だ。野生動物から遺伝的に改良したといっても、この現状はどう見ても悪化の方向への逸脱だとしか思えない。

さらにわたしはペットを知るにはその元である家畜種を知る必要があると考えている。

現代日本人がペットだけ見て動物を理解することのないように、野生種、家畜種の存在とその価値や魅力も知ってもらいたい。そんな思いをぶら下げながら、第2部「動物記」は書かれた。

書かれた年代は一九九〇年代だが、あえてその時代の空気を感じ取ってもらいたいと思い、文章も当時の一人称にした。

最後に、本書のテーマである「人間の生き方や暮らし方」を考えるきっかけになったアジアでの暮らしや富士山麓の自然、そして動物たちやさまざまな人々との出会いは、わたしに思考するためのキーワードをひとつ与えてくれた。それは「自然語」だ。

巷では子どももオトナもコミュニケーションが極端に乏しくなったと言われている。それは社会現象となり、さまざまな病理とつながっていることが指摘されている。しかし、それを助長するようなインターネットやSNS、ゲームなどデジタルで成立する表現やコミュニケーションは止まることを知らぬ猛烈な勢いで増殖している。もはや、それが生き物である人間にとって、いかに不自然で危険なものかを誰も問わなくなった。

一九七〇年代の多くをアジアの辺境で過ごし、一九八二年に日本で初めてといわれる自然学校を始めたわたしは、富士山の深い森で過ごした十数年の間に思考を深めていった。

人間という生き物は情緒や感性など、バイオリズムで環境や生物世界とつながっている。森の中でわたしはそれを強く実感して、その仕組みを「自然語」と名付けた。

自然語は、生活や暮らしから科学分野に至る情報システムを指していて、そのシステムは地球に存在するすべての生命はもちろん、物質運動にも及んでいる。地上に存在するすべての生き物はこの自然語を通して、まわりの環境の変化や生存に必要なサインをキャッチしている。この自然語をホンの数世代前までの人間たちはほかの動植物同様、当たり前に身につけていた。動物たちの〝予知能力〟や観天望気や農事暦などはその一例である。

現代の環境問題の多くは自然語から離れて（自然界とのつながりを断って）人間語の世界だけに特化してしまったことも大きな要因だと思う。人間以外の生き物は今なお、自然語なくして生存できないし、自然語に依拠することが地球に生きるためのルールでもある。

ちなみに自然学校とは、現代人がこの自然語をふたたび自然界で学び直すためにわたしが始めた活動でもある。

本書に挿入されたイラストはすべてわたしが描いた。一九九〇年代に『ホールアース自然学校通信』に初出した当時のままの粗い原画もいくつかはそのまま使用したが、多くは今回の出版を機に新たに描いたものだ。

わたしは画業でもないし、趣味でちょくちょく描いているわけでもない。したがってわたしのイラストも、最初に書いた動物記での挿絵はあり合わせのクレヨンで描いている。それが次第に面白くなり、二四色の色鉛筆へと画材も変化し、描き方も変わっていった。文章で描いた世界をより理解する助けになればという思いだけで美学校以来、描いたことのない絵を描くことになった。粗さはご容赦してほしい。

広瀬敏通という名を多くの友人たちは自然学校やエコツーリズム分野、あるいは災害教育と結び付けて知っているだろう。阪神淡路、東日本大震災などの災害支援の話は、拙著『災害を生き抜く』（みくに出版）にまとめた。しかし、本書はそうしたわたし自身の前史にあたる部分を描いた。

東日本大震災で「ＲＱ市民災害救援センター」を組織し、心血を注いできたわたしは、二〇一二年、血液ガンを発病し、翌一三年に、すべての仕事、社会関係から離れて肩書きゼロとなった。最後はこうしようと決めていた今風、鴨長明である。

本書の出版は、出版元のみくに出版社長の安修平さんの強い後押しがきっかけとなった。安さんの温かい応援なくしてこの本は生まれなかった。あらためて感謝したい。

その薦めによって、この『ハンド・メイド・ミー』は、最初、三部作として同社から電子書籍として出版された。その三部作、『アッパーの動物記（２０１３）』『続・アッパーの動物記（２０１４）』『アッパーの生き方暮らし方／アジア奮闘編・自然学校誕生前史（２０１６）』を、今回、新たに編集し、加筆して一冊の本にしたものだ。

最後になるが、本書の出版は、友人たちの熱意と協力なしには実現しなかった。

わたしの近年の仕事の盟友であり、同志でもある（株）クールインク代表の山中俊幸さんにはこの本のデザインや装丁をしていただいた。同じく中垣真紀子さんには、この本が世に出るまで度々にわたるアドバイスをいただいた。編集の山崎玲子さんには『自然語で話そう（小学館１９９９）』、『災害を生き抜く（みくに出版２０１４）』でも、小著の編集をしていただいた。わたしのわがままなリクエストに着実に応えてくれるよき編集者であり、深く感謝したい。共にこの場を借りて厚く感謝を申し上げる。

本書第1部で描いた南インドの開拓の同志、クマールやクリシュナムルティ、ラチャーパ、聖人となっているカウラギ夫妻、カンボジア難民キャンプで一緒に大汗をかいた諸先輩、諸先生方にも深く感謝する。

そして、このモノローグのエッセーを今まさに読んでいる読者の皆さんにも、感謝したい。ここまで読んでいただいて本当にありがとう。

最後に何よりも、わたしと共に暮らした動物たち。

彼らの生涯にはつねにわたしがいた。そしてみんな先に逝った。その彼らに心からの感謝を伝えたい。きっと彼岸でも混合放飼、いや、のんびり気ままに仲良く大きな家族で暮らしていることだろう。

二〇一八年春

広瀬敏通［ひろせ・としみち］

1950年東京生まれ。20代はアジア各地で個人NGOとして活躍。1970年代末のカンボジア内戦時には日本初の戦地への政府人道派遣第一陣として難民救援の現地事務所を運営した。帰国後の1982年に日本初の自然学校となる「ホールアース自然学校」を富士山麓に開設、年間17万人が国内5か所の拠点校のプログラムに参加するまでに育てた。現在国内に3,700校ある自然学校の第一人者として、国内、海外の多くの地で自然学校の仕組み作りに尽力するとともに、エコツーリズム分野の実践者、専門家として全国各地の人材育成、地域づくりにも取り組んできた。個人の活動としても火山洞窟、熱気球、辺境の探険などで多くの記録、実績を持ち、冒険好きな子どもたちを多く育てた。

一方、災害救援活動では阪神・淡路大震災で神戸市東灘区、中越地震で川口町（現長岡市）など甚大な被害の地にボランティアセンターを設置し運営、インドネシア津波、ペルー地震など海外の災害でも率先して救援体制作りをした。2011年3月の東日本大震災では地震発生直後に現地に入り「RQ市民災害救援センター」を設立。8か所のボランティア拠点で、延べ45,000人のボランティアが稼働した。環境省エコツーリズム推進会議委員、中央環境審議会専門委員、国土審議会専門委員、日本学術会議小委員会委員、日本エコツーリズムセンター代表理事、一般社団法人RQ災害教育センター代表理事などを歴任。

現在はすべての職を退いて、過疎の山中で林住生活を送っている。


本書は、みくに出版よりいずれも電子書籍として刊行された『アッパーの動物記 第1部　家畜と呼ばれた愛すべき仲間たち』（2013年）、『アッパーの動物記第2部 動物農場ってなんだ』（2014年）、『アッパーの生き方・暮らし方　アジア奮闘記－自然学校誕生前史』（2016年）を再編集しまとめたものである。文中のイラスト、写真は、すべて著者による。

ハンド・メイド・ミー
――自分を手作りする

2018年10月11日　初版第1刷発行

著　者　　広瀬敏通
発行者　　安　修平
発　行　　株式会社みくに出版
〒150-0021東京都渋谷区恵比寿西2-3-14
電話03-3770-6930　FAX.03-3770-6931
http://www.mikuni-webshop.com/

編集協力　　山崎玲子
カバーデザイン・DTP　山中俊幸（クールインク）
印刷・製本　　サンエー印刷
ISBN978-4-8403-0716-1 C0036

定価はカバーに表示してあります。